AF637256

Sagen und Geschichten aus Hamburg

Die Autorin

Cornelia Kenklies wurde 1954 in Hannover geboren und lauschte als Kind gebannt den Märchen und selbst ersponnenen Geschichten ihres Großvaters. Nach Stationen in Frankreich und Hamburg lebte sie 25 Jahre lang mit ihrer Familie in einer Kate am Elbdeich. Seit 1980 ist sie geprüfte Gästeführerin in der Metropolregion Hamburg und hat als Studienreiseleiterin 30 Jahre lang fast alle europäischen Länder und die USA bereist. Cornelia Kenklies hält länderkundliche und kunsthistorische Vorträge, Kurse und Gästeführer-Seminare. Rund 50 selbst veranstaltete thematische Studienreisen führten quer durch Europa. Ihre Philosophie: Im Mittelpunkt der Reise steht immer der Mensch.

Cornelia Kenklies

Sagen und Geschichten aus Hamburg

Edition Falkenberg

Titelzeichnung: Peter Fischer, Winkeldorf

1. Auflage 2022

Das Titelbild, die Einleitung, die Übergangstexte (andere Type) sowie die mit * im Inhaltsverzeichnis markierten Texte von Frau Kenklies unterliegen dem Copyright © Edition Falkenberg, Bremen. Die Texte von Hans Leip (Trinkspruch auf Hamburg und Lili Marleen) veröffentlichen wir mit freundlicher Genehmigung des Museums für Hamburgische Geschichte.

ISBN 978-3-95494-288-6
www.edition-falkenberg.de

Alle Rechte an den mit Copyright versehenen Texten sowie am Titelbild vorbehalten. Von diesen dürfen keine Teile in irgendeiner Form (durch Fotografie, Mikrofilm oder irgendein anderes Verfahren) ohne schriftliche Erlaubnis des Verlages reproduziert oder unter Verwendung elektronischer Systeme verarbeitet, vervielfältigt oder verbreitet werden.

Inhalt

Sagen

Unheimliches

Hexen und Teufelswerk

Abschied

* Original in plattdeutscher Sprache, ins Hochdeutsche übersetzt von C. Kenklies

Meinen Kindern
Anna Katharina und Philipp Justus

Einleitung

Wie hohle Zähne ragen mannshohe, zerbrochene Stämme aus dem Sumpf. Dämmerlicht herrscht unter ihren aufrechten, himmelhohen Kollegen. Umgestürzte Baumriesen versperren den Weg. Am Ufer ist das Schilf fünf Meter hoch. Bei jedem Schritt gluckst es im Schlick. »Beeilt Euch! Die Flut kommt«, mahnt die Expeditionsleiterin. – Nein – die Abenteurer sind nicht im Amazonas, sondern im Auenwald am Heuckenlock.

Wer Abwechslung liebt, kann sich schon eine halbe Autostunde später wie in der Wüste fühlen und schleppenden Schrittes die Boberger Dünen durchqueren. Kaum zu glauben: diesen außergewöhnlichen Reichtum landschaftlicher Facetten bietet die Hansestadt Hamburg; mit 1,7 Mio. Einwohnern und einer Ausdehnung von 40 Kilometern die zweitgrößte Metropole Deutschlands.

Die Erdgeschichte machte Hamburg einen der großen Ströme Europas zum Geschenk, die Eiszeiten gaben ihm sandige Hügel und ein Binnendelta mit einem Gewirr von Inseln, Wasserläufen und fruchtbaren Marschenböden. Die Wüste stiftete der Wind, einen Hauch von Urwald schufen die Gezeiten zwischen Fluss und Land. Vorbei am Blankeneser Süllberg, der Wittenbergener Heide und den üppigen Obstgärten des Alten Landes strömt das Elbwasser zum Meer und in die weite Welt. Im Wattenmeer, 110 Kilometer vom Stadtkern entfernt, liegt die Insel Neuwerk. Sie gehört zu Hamburg; ihr 700-jähriger Leuchtturm gilt als ältestes Denkmal der Stadt.

Vieles, was den Altvorderen wundersam erschien, versuchten sie mittels Sagen, Legenden und Mythen zu erklären: die Geburt der Elbinseln durch den Sturz eines Riesen, bedrohliche Fluten aufgrund des Wirkens der Elbgeister oder die plötzliche Entstehung eines tiefen Sees als Folge des ruchlosen Lebenswandels einiger Mönche.

Auch die frühe Stadtgeschichte wurde verklärt und geschönt, wenn etwa ein wandernder Stern einem betagten Diener nachts den

Standort einer Eiche weist, unter der Bischof Ansgar nach seiner Flucht vor den Wikingern erschöpft ausruhte. Das Leben und Treiben der Piraten um den Seeräuber Störtebeker barg viel Stoff für sagenhafte Schilderungen, die Streiche von Possenreißern und Spaßvögeln ermunterten die Erzähler zu Übertreibungen. Tragische Liebe fand ihr Echo in verwunschenen Bäumen und Spukgestalten. Teufel und Hexen kamen ebenso wenig zu kurz, wie die gutmütigen Unterirdischen, Kobolde und der Klabautermann.

Wem und welchem Umstand haben wir es zu verdanken, dass die über Generationen nur mündlich überlieferten Sagen, Märchen und Legenden bewahrt blieben?

Nach den Wirren der napoleonischen Zeit befand sich Deutschland Anfang des 19. Jahrhunderts in einem enormen Umbruch. Dampfmaschinen, Eisenbahn und Industrialisierung steigerten das Lebenstempo rasant. Traditionen wie das abendliche Erzählen von Geschichten am Herdfeuer der Bauernhöfe gingen durch die Landflucht verloren. Die alten Sagen drohten ins Reich des Vergessens zu sinken.

Im Zeitalter der Romantik besannen sich Künstler und Literaten auf die eigene deutsche Geschichte. Die Brüder Grimm waren Vorreiter mit ihrer Sammlung von Märchen und Sagen, die nach mündlicher Überlieferung zusammengetragen, überarbeitet und 1812 in den »Kinder- und Hausmärchen« veröffentlicht wurden. Märchen oder Sagen, so meinten die Zeitgenossen, seien eine besondere Form der Volkspoesie aus dem Mittelalter.

1840 begann Karl Müllenhoff Erzählungen und Sagen zu sammeln. Der Professor für deutsche Geschichte und Literatur an der Universität in Kiel bat die Leiter von Latein- und Gelehrtenschulen, sich im Kollegium und unter den Schülern umzuhören. Rund 600 Texte hat Müllenhoff in mehreren Büchern veröffentlicht; eine der bedeutendsten regionalen Sammlungen im deutschen Sprachraum.

Aus der Feder des Hamburger Senatsarchivars Otto Beneke stammen zwei unverzichtbare Werke Hamburgischer Geschichten, Sagen und Denkwürdigkeiten. Emsig trugen der Germanist Adalbert Kuhn, Lehrer wie Ludwig Frahm, Ernst Finder und Wilhelm Marquardt, der Volkskundler Ernst Laufer und andere einen reichen Sagenschatz zusammen, von dem auch das vorliegende Werk profitiert. Vor der jüngsten Vergangenheit machte das Fabulieren nicht Halt, wie Gorch Fock und Hans Leip beweisen.

Einige alte Texte wurden sprachlich behutsam angepasst, gekürzt und mit ergänzenden Bemerkungen versehen; einige nacherzählt. Hamburg-Liebhabern möge das Büchlein als ungewöhnlicher Reiseführer zur Entstehung und Geschichte der Hansestadt dienen.

Cornelia Kenklies

Trinkspruch auf Hamburg

Immer will ich dich preisen,
grausilberne Vaterstadt,
und was dir weltweit
hansisch gedeiht
und das singige Platt
und die leisen
Lichter von See
Und das Fernweh,
Das man in deinen Straßen hat.

Hans Leip

Zwerge, Elfen und Riesen

Die Elbe ist einer der wenigen Ströme Europas, die noch weitgehend ungehindert fließen dürfen. Nach einem rund tausend Kilometer langen Lauf bildet sie vor Hamburg ein Binnendelta: sie zerteilt sich in zahlreiche Flussarme und Inseln. Auf der größten Flussinsel Europas liegt der heutige Hamburger Stadtteil Wilhelmsburg. Wie die Elbinseln entstanden sind, erzählt die Sage vom Riesenstreit.

Riesenstreit

In alter Zeit lebte am Abhang des Wilseder Berges in der Nähe der Seeve ein junger Riese, der hieß Wilst. Er hatte einmal mit einem Bauern Streit bekommen, war in Zorn geraten und hatte des Bauern Schweinestall in die Seeve geworfen; nun wurde er allgemein gefürchtet und geachtet. Zuweilen besuchte er seinen Nachbarn, der mitten im Wald wohnte, ungefähr da, wo heute Hamburg liegt. Dieser hatte eine wunderschöne Tochter, die Wilst gerne zur Frau gehabt hätte. Aber sie mochte ihn nicht leiden und schalt oft über seine schmutzigen Füße, wenn er im Hause umhertappte.

Als er einmal gar zu aufdringlich wurde, gab sie ihm eine schallende Ohrfeige und ihr Vater warf ihn kopfüber vor die Tür. Da bekam es Wilst mit der Wut. Er lief in seine Höhle, holte seine Siebenmeilenstiefel und wanderte zum Harz. Dort hob er einen schweren Felsstein auf, stemmte ihn auf die Schultern und trug ihn heim. Den wollte er auf das Haus seiner Beleidiger werfen.

Auf dem Schwarzen Berg bei Harburg nahm er einen gewaltigen Anlauf, doch er stolperte und überschlug sich. Der Stein entglitt seinen Händen und rollte mit ihm in die Elbe. Ehe sich Wilst wieder erheben konnte, war er im Schlamm erstickt. Das Wasser staute sich gegen die ungeheure Leiche auf, es bildeten sich Sandbänke, und so entstanden nach und nach die Elbinseln zwischen Harburg und Hamburg.

Die Unterirdischen zu Blankenese und Herr Rist (1650–1660)

Bald nach dem Westfälischen Frieden erscholl häufig ein Gerücht, dass in den Blankeneser Bergen viele Unterirdische und Zwerge spukten, die sich den Wanderern, Schäfern und Jägern zeigten und sie sehr erschreckten. Dass dort in Höhlen und Erdspalten solche »Unnereersche« ihr heimliches Wesen trieben, war bei den dortigen heidnischen Opferstätten und Hünengräbern wohl denkbar. Schließlich war von alters her bekannt, dass zum Hüten verborgener Schätze gewöhnlich Zwerge bestellt waren. Lange Zeit war davon nichts bemerkt worden, weil die Schrecknisse des Dreißigjährigen Krieges die Unterirdischen ebenso wie die Überirdischen geängstigt und genötigt hatten, in ihren Höhlen die Schätze vor Feinden achtsam zu hüten.

Da machte sich der gelehrte Pastor zu Wedel, Herr Johann Rist, bei nachtschlafender Zeit auf, um solch zwergischem Treiben auf die Spur zu kommen. Mit ihm ging Herr Chrysostomus Köhler, der Vize-Kanzler des Herzogs zu Wolfenbüttel, ein beherzter kluger Mann. Als sie nun bei Rissen in die Berge kamen, war alles still. Nur in der Ferne bellten die Hunde, in Wedel schlug's Mitternacht und der Mond ging just auf. Da nahmen sie wahr, wie aus einem Fuchsloch ein Haufen solch unterirdischen Völkleins hervorquoll, kaum kniehoch, mit großen Köpfen und Gesichtern wie alte Männer, mit großen Nasen und klugen Augen, braun gekleidet, mit Glöcklein an den Mützen, sodass es anmutig klingelte, als sie auf- und absprangen. Sie trieben da ihr Wesen und tanzten im Ringelreihen und rundem Kreis beim Glockenspiel.

Herr Rist hatte eine schöne Rede entworfen, mit der er sie zu beschwören dachte, damit sie ihm Rede und Antwort stünden, wer sie wären und was sie trieben, wo die großen Schätze lägen, und ob man sie nicht heben könne. Eben wollte sich Herr Rist räuspern, als unversehens Herr Chrysostomus Köhler so gewaltig niesen musste, dass er von dem Feldstein im Gebüsch, auf dem er stand, hinunterfiel – mitten in den Ringelreihen der Unterirdischen. Die erschraken tüchtig, fuhren auseinander, verschwanden – zum großen Leidwesen der beiden Herren – blitzschnell allesamt wieder durch das Fuchsloch. Herr Rist ging später noch etliche Male wieder hinaus, aber die Umstände waren nicht günstig, er konnte ihnen nicht wieder so nahekommen. Die Zwerge hatten wohl gemerkt, dass er ein kluger Mann war, der sie ausfragen wollte; und sich also vor ihm mehr als vor Hirtenbuben und einfachem Volk in Acht genommen. Sie kannten wohl auch Herrn Rist schon, und wussten, dass er Hünengräber ausgrub, und uralte Urnen und Aschenkrüge daraus nahm. Also fürchteten sie ihn mehr als alle anderen Menschen.

Aber bis zu Zeiten des Nordischen Krieges wurden sie noch oft bei Tag und Nacht von Bauern und anderen schlichten Leuten gesehen. Danach verzogen sie sich, obwohl etliche in Sülldorf, Rissen und umzu sie noch heutzutage spüren wollen. Auch Grete Dütsch, die Blankeneser Botenfrau, erzählte, sie sei bei Nacht und Nebel von den Unterirdischen auf Irrwege geführt und geneckt worden. Aber was Grete Dütsch sagte, dem war nicht zu trauen, weil ihr Geist fast immer in Nacht und Nebel befangen war, da sie mehr als zuträglich dem leidigen Branntwein zusprach, wie jeder bezeugen wird, der Greten Dütsch gekannt hat, die nun wohl schon längst tot sein mag.

Der Wedeler Pastor und Dichter Johann Rist (1607–1667) ist bis heute als Autor geistlicher und weltlicher Schriften weit über Norddeutschlands Grenzen hinaus bekannt. Im Evangelischen Gesangbuch finden sich einige seiner Texte, z. B. »Brich an, du schönes Morgenlicht«, das Johann Sebastian Bach in seinem Weihnachtsoratorium verarbeitete. Kaiser Ferdinand III. krönte ihn als Poeten und erhob ihn in den Adelsstand.

In der Heidelandschaft zwischen Schulau und Blankenese, der Heimat der Unterirdischen, bietet heute das Naturschutzgebiet Wittenbergen eine bezaubernde Kulisse für Spaziergänge. Der Wittenberger Strand mit dem Falkensteiner Ufer ist der letzte Naturstrand Hamburgs. Auf den regelmäßig überfluteten Elbwiesen blühen im April/Mai die seltenen Schachblumen; es ist einer ihrer letzten Standorte in Hamburg. Die gut schwimmfähigen Samen breiten sich entlang der Fluss- und Stromtäler aus. Am niedersächsischen Elbufer gedeiht im Junkernfeld an der Seevemündung mit sage und schreibe 1,3 Millionen Blüten der größte Bestand in Deutschland. Kein Wunder, dass man hier genau weiß, wie die Schachblume entstand.

Das Märchen von den Schachblumen – Wunder im Junkernfeld

Es war einmal ein Junker, der für sein Leben gerne Schach spielte. Alles rings umher vergaß er dann. Auch aus hübschen oder reichen Mädchen machte er sich nichts. Seine Eltern waren sehr traurig, dass ihr einziger Sohn sich nicht um Haus und Hof scherte, wussten es aber zuletzt so einzurichten, dass ihm ein fremdes Edelfräulein begegnete. Sie war noch schöner und wohlhabender als alle anderen. Zuerst war er ihr auch in Liebe zugetan und die Eltern freuten sich schon auf den Hochzeitstag. Aber dann kam ein Freund von einer langen Reise zurück und brachte ein neues Schachspiel mit. Da saßen sie wieder vor dem Schachbrett und setzten die wunderbaren holzgeschnitzten Figuren. So ging es die halbe Nacht.

An diesem Frühlingsabend aber hatte der Junker seiner Braut einen Spaziergang versprochen. Bei der alten hohlen Weide hinten an der Seeve wollten sie sich treffen. Müde vom langen Warten setzte sich die Braut hin, lehnte sich an den hohlen Stamm und schlief bald ein. Leise weinte sie im Schlaf. Das hörten die kleinen Elfen, die da im Mondschein tanzten. Eine von ihnen nahm menschliche Gestalt an, strich der schlafenden

Braut übers Haar und fragte, warum sie denn so weine. Da wachte die Jungfer auf, erschrak, dass statt ihres Bräutigams eine fremde, wunderschöne Frau in einem langen weißen Gewand vor ihr stand. Sie wunderte sich auch, dass es schon Nacht war. Nun klagte sie der Frau ihr Leid.

»Ja«, sagte sie zu ihr, »dein Bräutigam sitzt mit seinem Freund beim Schachspiel.«

Da wurde die Braut ärgerlich, fing an zu schelten und rief: »Wenn das so ist, hat er mich nicht mehr lieb! Niemals mehr will ich ihn wiedersehen!«

»Ist das dein letztes Wort?«, fragte die Frau.

»Ja. Ja!«, rief die verzweifelte Braut, »soll er doch bei seinem Schachspiel bleiben! Meinetwegen für immer und ewig!« Beschwichtigen konnte die Elfe sie nun nicht mehr.

Da ließ sie den Junker und seinen Freund beim Schachspiel in einen tiefen Schlaf fallen. Tot waren sie nicht, aber kein Doktor konnte helfen und keine der alten weisen Frauen hatte ein Kraut dagegen. Eine Zeitlang blieb die Jungfer noch, aber dann reiste sie wieder nach Hause, auf ihre Insel elbabwärts von Hamburg.

Beim nächsten Vollmond holte sich die Elfe den Junker und nahm ihn mit sich auf die

Wiesen. Da umtanzten ihn die Elfen und verzauberten ihn in eine eigenartige Blume. Die ließ traurig den Kopf hängen, hatte aber ein feines Schachbrettmuster auf ihren Blüten. Ein paar kleine Tropfen wie Tränen saßen an der Spitze jeden Blütenblattes. Gegen Morgen, als die Sonne aufging, und mit ihren warmen Strahlen sanft über die Wiesen strich, glitzerten sie ebenso hell wie die Tautropfen.

Zu dieser Zeit ging die Jungfer einmal abends über ihr Anwesen. Sie war sehr traurig und dachte an den Junker. Nun tat er ihr doch leid. Schließlich begegnete ihr die Elfe im Mondschein.

»Ich weiß, dass du es bedauerst! Darum hast du einen Wunsch frei! Auf der Stelle will ich ihn dir erfüllen«, sagte die Elfe. Da wünschte sich das Mädchen, dass sie wieder bei ihrem Bräutigam sein möge; aber das ging nun nicht mehr. Darum verwandelte die Elfe sie in eine ebensolche Blume, wie sie der Junker geworden war. Mehr ließ sich für die beiden nicht tun.

Da aber die Jungfer bei Ihrer Verwandlung ein weißes Kleid trug, gibt es neben den farbigen auch weiße Schachblumen.

In hellen Nächten, wenn der volle Mond sich in Elbe und Seeve spiegelt, tanzen die Elfen immer noch im Reigen um die vielen Schachblumen draußen auf den Wiesen.

Die alten Leute nennen die Niederung an der Seeve bis zum heutigen Tag – das Junkernfeld.

Die sieben Tannenbäume

Weit ab von den Landstraßen und noch weiter von Dörfern und Höfen steigt ein kleiner Berg aus der weiten, braunen Heide auf. Er liegt in Einsamkeit da, und wenn auch manchmal ein Schäfer mit Hund und Heidschnucken vorbeigeht, so treiben auf ihm doch gewöhnlich nur Krähen und Hasen ihr Wesen.

Einst war's anders. Da war er nicht kahl, sondern trug auf seinem Gipfel sieben Tannenbäume, so dass man meinen mochte, er hätte sich eine dunkelgrüne Mütze über die Ohren gezogen. Und in dem Berge hauste ein alter Zwerg, den sie das rote Männchen nannten, weil er immer in einem feuerroten Röcklein zutage kam. Ihm gehörten die sieben Tannenbäume, er hatte sie selbst angepflanzt, hatte sie gerichtet und gepflegt, hatte an manchem warmen Sommernachmittag aus der kühlen Tiefe des Berges Wasser getragen – und freute sich nun, dass er sie so weit gebracht hatte, dass sie sich selbst helfen konnten. Und ihm selbst mussten sie auch auf manche Art helfen. Mit ihren feinen Wurzeln hielten sie den Sand fest, dass seiner Höhlenwohnung nicht die Decke niederrieselte, sie sogen den Regen bis auf den letzten Tropfen auf, dass es nicht durchleckte, sie wehrten die Sonnenstrahlen ab, dass es ihm nicht zu heiß wurde. Jedem hatte er einen Namen gegeben: Wegweiser, Regenschirm, Sonnendach, Windbeutel, Gesangsmeister, Stiefelknecht und Spielvogel.

Wegweiser war der größte und höchste und wies dem roten Männchen den Weg, wenn es auf der Geest war. Regenschirm war am dichtesten bezweigt, unter ihm lag der Zwerg, wenn es von den Wolken tröpfelte. Sonnendach war breitgeästet und musste das Männlein deshalb vor der brennenden Sonne beschützen. Windbeutel war besonders kräftig und stämmig; er stand an der äußersten Ecke und drängte den kalten, scharfen Ostwind beiseite, den der Alte nicht vertragen konnte. Gesangsmeister hatte die beweglichsten Zweige und war der lustigste von allen: Bei dem leisesten Windzug strich er mit den Nadeln über das dürre Gras und das Kraut, so dass eine herrliche Musik für Zwergenohren vernehmlich wurde, auch lud er Mücken, Grillen, Brummer und Bienen zu Gast, an hohen Festen sogar eine Meise oder einen Finken: An Gesumme und Gezirpe und Gezwitscher war kein Mangel.

Stiefelknecht hatte einen krummen Stamm, den benutzte das Männlein jeden Abend beim Stiefelausziehen; es war aber ein Geheimnis, ob der Stamm krumm gewesen war und ob der Alte ihn deshalb zum Stiefelknecht gemacht hatte, oder ob der Alte zuerst seine Stiefel an ihm ausgezogen hatte und davon die Krümmung herrührte. Spielvogel war noch zu klein und konnte noch nichts tun; er spielte wie ein Kind mit Wind und Sonne.

Es wurde nach und nach Herbst und Winter. Die Bienen flogen nicht mehr, die Grillen starben, die Sonne saß hinter grauem Gewölk, kalt und feucht wurde es auf dem Berg und in den Tälern. Da verkroch sich das rote Männchen tief in seine Höhle, verstopfte den Eingang mit Moos und Steinen und wartete, dass die Sonne und der schöne Sommer wiederkommen sollten. Die sieben Tannenbäume ließ es in Wind und Wetter allein und kümmerte sich nicht weiter um sie. Das Einzige, was er tat, war, dass es morgens bald den einen, bald den andern bei den Wurzeln fasste, als zöge es ein Kind an den Füßen.

»Bäumchen mein: Sonnenschein?«, fragte es dann und das Bäumchen antwortete wahrheitsgetreu: »Zwerglein, nein!«

So legte es sich zurück auf sein Bett von Heidekraut und verschlief den Tag wie ein Murmeltier. So ging es wochenlang, da riss es wieder an den Wurzeln, um zu wissen, was für Wetter sei – und bekam mit einem Mal keine Antwort mehr. Es zog stärker, ja, es ließ sich an den Wurzeln baumeln, es fragte mit entsetzlich lauter Stimme:

»Bäumchen mein: Sonnenschein?«, aber es antwortete ihm niemand. Sehr erbost, aber auch ein bisschen besorgt, stieß es die Tür auf – oh weh, wie erschrak es? – alle sieben Tannenbäume waren verschwunden. Nur Stammstümpfe standen noch da – der Berg war kahl wie ein Pfannkuchen!

Da lief das Männchen umher, als wüsste es nicht, was es tun sollte, guckte herum, schlug die Hände zusammen, rief, fragte, weinte und grämte sich um seine Tannenbäume. Die Hasen kamen angehüpft und erzählten ihm von den großen Menschen, die gekommen wären am hellen Mittag und die Bäume abgesägt hätten; auf einen großen Wagen hätten sie sie geworfen, und im Trab seien sie mit ihnen weggefahren. Die Krähen kamen geflogen und wollten trösten. Aber das rote Männchen wollte keinen Trost, es wollte seine Bäume wiederhaben. Es wollte in die Welt hinein und sie suchen.

»Du findest sie nicht«, sagten die Krähen, »die Welt ist zu groß.« Das Männlein jammerte wieder. Da nahmen die Krähen all ihren Verstand zusammen und dachten nach, wie sie ihm helfen könnten und wirklich – sie fanden es.

»Wenn der Mond aufgeht«, sagten sie, wollen wir ihn bitten, dass er sich zum Spiegel der Welt mache. Dann guckst du hinauf und suchst deine Tannenbäume.« Das war dem Männchen eine willkommene Botschaft, und da es noch nicht dämmerte, lud es die Krähen zu Gast. Als sie noch so saßen und von ihren Reisen erzählten, da guckte der Mond groß und rötlich über die Geest.

Rauschend flogen die Krähen auf und krächzten oben in der Luft:

»Blanker, gelber Mond am Himmel, spiegle alles Erdenleben!«

Mehrmals und durcheinander schrien sie – das Männlein fürchtete schon, sie möchten es genarrt haben. Plötzlich fielen sie lautlos in das dürre Kraut nieder und sieh: Der Mond wurde größer und größer, leuchtete taghell auf, und wie in einem Spiegel zeigte sich auf ihm die Welt mit allem, was darin war: Wasser und Berge, Städte und Wälder, Häuser und Menschen und Bäume, alles war deutlich zu erkennen. Das rote Männchen machte große Augen und suchte. Dann wies es mit beiden Händen nach einer Gegend.

»Was für eine große Stadt ist das?«, rief es zitternd.

»Hamburg«, gaben die Krähen leise zur Antwort. »Da sind alle sieben, alle meine Tannenbäume!«, rief es wieder. »Ich sehe sie alle: Wegweiser in einer großen Kirche, Regenschirm in einem prächtigen Herrenhaus, Sonnendach vor einer Dombude, Windbeutel in einer kleinen Stube, Gesangsmeister in einer armseligen Dachkammer, Stiefelknecht an der Straßenecke, Spielvogel oben auf dem Schiffsmast. Oh – wie müssen sie sich nach mir und dem Berg zurücksehnen, wie mögen sie jammern! Ich will nach Hamburg und sie holen. Oh – bringt mich nach Hamburg! Hasen und Krähen, liebe Freunde, helft mir!«

Das wollten sie. Das Männchen machte sich reisefertig, zog Handschuhe an, setzte sich auf den Hasen, hielt sich an dessen langen Ohren fest und – hast du nicht gesehen? – ging's über die Geestberge, dass die Heide wackelte. Als sie aber unter die Lichter von Hamburg gerieten, warf das Hasenross den Reitersmann ab und trabte angstbeklommen nach Hause zurück.

Das Männchen schwang sich kurzerhand auf den breiten Rücken der größten Krähe und ließ sich über die Elbe nach dem glänzenden, funkelnden Hamburg tragen. Wohl erschrak es über die Maßen vor den hohen Türmen und den gewaltigen Häusern, vor dem vielen Licht und vor den Tausenden von Menschen und hielt sich krampfhaft an den Nackenfedern der Krähe fest, um nicht auf die krabbelnd vollen Straßen zu stürzen –, aber die Sorge um seine sieben Tannenbäume hielt ihm den Kopf oben.

Auf dem Kirchendach landete das Rabenschifflein mit seinem Fahrgast, der sich an dem Blitzableiter hinabgleiten ließ und durch eine

Luftröhre in die Kirche stieg. Vor all der Helle und Pracht konnte er kaum die Augen offenhalten. Orgelton und Gesang durchbrausten den Raum, in dem alle Plätze besetzt waren. Neben dem Altar stand ein großer, hoher Tannenbaum, über und über mit Lichtern bedeckt; es war Wegweiser. Das Männchen erkannte ihn und schlich sich unter den Bänken entlang zu ihm.

»Armer Wegweiser!«, schluchzte es. Der große Baum aber schüttelte leise die Krone, dass die Lichter flackerten: »Arm?«, fragte er, »ich bin nicht arm, ich bin der schönste Baum auf der Erde, ich bin der Weihnachtsbaum. Sieh meine Pracht und mein Leuchten!«

»Ist nur ein Traum, armer Wegweiser, nur ein Traum. Wenn du erwachst, sind deine Lichter erloschen und du liegst vergessen im Winkel. Und stirbst. Komm mit auf den Berg, ehe es zu spät ist.«

Der Baum rüttelte wieder seine Krone: »Ich weise andere Wege«, flüsterte er wie im Traum, »Wege zu Gott, Wege zur Freude, Wege zum Kinderland, ich bin beglückt, wenn ich nur zwei Kinderaugen glänzen machen kann. Und hier glänzen tausend. Du musst mir mein

Glück schon gönnen, rotes Männchen, und mich stehen lassen.«

Brausend erscholl Orgelton dazwischen. »Und deine sechs Brüder?«, fragte das Männchen.

»Die sind alle Weihnachtsbäume geworden«, sagte Wegweiser, »tragen Lichter und Nüsse und Äpfel, erfreuen arm und reich, großes und kleines Volk. Um sie klingen Weihnachtslieder, und alle Kinder lachen. Keiner geht zurück in den Wald. Einen Abend Weihnachtslichter tragen ist die Sehnsucht aller Tannenbäume. Ist die erfüllt, dann verdorren sie gern. Oh Weihnacht!«

Als der Baum so gesprochen hatte, sah das Männchen ein, dass es ihn nicht überreden konnte.

»Weihnachten und die Menschen sind dir in die Krone gefahren«, sagte es und stahl sich hinaus. Die Krähe wetzte ihren Schnabel auf dem Dach, das Männchen bestieg den Rücken, und weiter ging es: zu Regenschirm, der über und über mit Gold und Silber bedeckt war und sich nach der Musik um sich selbst drehte, wie ein junges Mädchen im Tanzsaal. Zu Sonnendach, das mit elektrischen Glühlampen besteckt von dem

Karussell auf den Schwarm der Dombesucher herableuchtete. Zu Windbeutel, der spärlich behängt eine kleine Arbeiterwohnung erhellte. Zu Gesangsmeister, der in der Dachkammer stand, ein einziges Licht und einen Hering trug. Ein grauer Kater saß daneben und wollte sich an den Hering machen, aber jedes Mal stach Gesangsmeister ihn mit den Nadeln, dass er miau schreiend zurückspringen musste.

Alle vier bat das rote Männchen, aber alle antworteten ebenso wie ihr großer Bruder; sie waren glücklich, Weihnachtsbäume geworden zu sein und dachten nicht daran, wieder nach dem kalten, dunklen Berg zu wandern, sie spiegelten sich im Schein ihrer Lichter und lachten wie Kinder.

Traurig schwebte der Zwerg wieder durch die Luft, bis er vor Stiefelknecht stand. Der lag auf einem großen, dunklen Platz in einem Haufen anderer Tannenbäume. Wegen seines alten Fußleidens hatte ihn niemand kaufen wollen. »Deinen Brüdern will ich es gar nicht mal so sehr verdenken«, sagte der Alte zu ihm, »sie tragen Lichter und sind Weihnachtsbäume – aber du bist keiner.«

»Doch – ich bin ein Weihnachtsbaum, so gut wie die andern«, sagte der Stiefelknecht, »der schönste Baum auf Erden. Ich sehe viele glückliche Menschen vorbeigehen: Ist das nicht Glück genug? Und vielleicht, nein, gewiss kommt heute Abend, ganz spät, noch jemand und nimmt mich mit, steckt mir Lichter an und schmückt mich. Nach der Heide will ich nicht zurück.«

Das Zwerglein bat und bat, aber Stiefelknecht sah nach den Kindern, die jubelnd vorbeistürmten und hörte nichts. Da ging es wieder zu seinem schwarzen Rösslein und ließ sich nach dem Hafen fliegen. Spielvogel, an dem sein Herz am meisten hing, würde ihm treu bleiben, das hoffte er von seinem Lieblingsbäumchen. Aber am Hafen war kein Spielvogel mehr zu entdecken. Das Schiff sei schon in See gegangen, erfuhr die Krähe von einigen weitläufigen Verwandten, weißen Möwen, die über dem Wasser schwebten.

»Dann seewärts«, befahl das rote Männchen. Die Krähe flog westwärts über Wasser und Deiche und Schiffsmasten hin, aber als sie bis Cuxhaven gekommen war, setzte sie sich nieder, denn auf die große, endlose See zu fliegen, getraute sie sich nicht. Doch rief sie eine große Seemöwe herbei, die breitete ihre weißen Schwingen und trug das Männchen stolz und schnell über das dunkle, schäumende Meer, bis weit hinter Helgoland. Da tauchte ein einsames Schiff in den Wogen auf und ab und wurde von einer Seite nach der andern geworfen. Der Wind blies gewaltig in die großen, braunen Segel. Auf dem Topp, der höchsten Spitze des Großmastes, tanzte ein kleines Tannenbäumchen im schneidenden Wind auf und ab: Das war Spielvogel. Er lachte hellauf und schüttelte die Zweiglein vor Lust, wenn eine Sprühwelle zu ihm heraufspritze. Und guckte einer der Matrosen zu ihm hinauf, so nickte er ihm freudig zu.

»Armer Spielvogel.«

»He, he, Männlein klein, bist du's?«, rief Spielvogel. »Hier ist es lustig, nicht?«

»Komm mit nach der Geest.« »Nein, nein, nein! Ich bin Weihnachtsbaum, der schönste Baum auf Erden. Und was kann schöner sein als Weihnachten auf See. Grüß die Heide! Ich muss singen!« Und Spielvogel sang, so laut er konnte, dass die Matrosen mitsingen mussten und Träume von Land und Licht träumten.

Da sah das rote Männchen ein, dass es seine sieben Tannenbäume verloren hatte, es dachte daran, dass es nun ohne Wegweiser über die Geest irren müsse, dass niemand mehr da sei, der es vor Regen, Sonne und Wind beschützen könne, der ihm vorsinge, der ihm beim Stiefelausziehen helfe, der es durch sein Kinderspiel erfreue – der Berg war so kahl, Regen drang in seine Wohnung. Armes Männchen! Mit einem Mal breitete es die Arme aus, rutschte von den Möwenflügeln und stürzte sich in das dunkle Wasser hinab.

Seit jener Nacht schwimmt ein seltsamer, leuchtender Fisch in der See. Die Fischer nennen ihn das Petermännchen und halten es für etwas Besonderes, wenn sie ihn fangen.

Aus der Geschichte

»Stadt Hamburg an der Elbe Auen
Wie bist du stattlich anzuschauen …«

So beginnt die Hymne der Freien und Hansestadt Hamburg. Doch die Keimzelle Hamburgs lag mitnichten an der Elbe, sondern an der Alster. Wer vom mondänen Jungfernstieg an der Binnenalster die Bergstraße hinauf, an dem bald 700-jährigen Löwenkopf am Türklopfer der Petrikirche vorbei zum Domplatz flaniert, hat mit 500 Schritten etwa vier Höhenmeter und 1200 Jahre Vergangenheit bewältigt.

Hier, nahe der Alster, gut einen Kilometer entfernt vom gefährlichen Elbestrom, auf einem etwas höher gelegenen Geesthügel inmitten von Sümpfen, entstand schon im 8. Jahrhundert eine einfache sächsische Wallanlage, die Burg an der Hamme. In der altsächsischen Sprache bedeutet Hamme so viel wie »mit niedrigen Sträuchern bewachsener Sumpf«.

Dauerhaft bewohnt war die kleine Niederlassung an der Alsterschleife nicht; nur ab und zu wurde sie als Handelsplatz genutzt. Waren der sächsische Burgherr, sein Gefolge und alle Händler anwesend, dann umfasste ihre Anzahl allenfalls hundert Bewohner.

Für den Warenverkehr hatte die befestigte Siedlung eine ideale Lage: Die Elbe war schon immer für den Handel bedeutsam. Mit ihren Sandbänken, Eilanden und zahllosen Wasserläufen bot sie vorzügliche Bedingungen für den Warenverkehr von Süd nach Nord. Seichte Stellen und Inseln gestatteten die Durchquerung zu Fuß oder zu Pferd.

Der fränkische Kaiser Karl der Große versuchte die Sachsen zu christianisieren; doch eine planmäßige Reichsgründung Karls des Großen war Hamburg nicht – auch wenn die folgende Sage es glauben lassen will.

Karl der Große und Ludwig der Fromme

Karls des Großen Absicht, das von ihm gegründete Hamburg nicht nur zu einem Bollwerk der Christenheit gegen die germanischen und slawischen Heiden im Norden und Osten, sondern auch zu einer Pflanzstätte christlicher Lehre und Bildung zu erheben, wurde von seinem Sohn und Nachfolger gefördert. Und als deshalb im Jahre 831 Kaiser Ludwig der Fromme Hamburg zum Sitz eines Erzbistums gemacht hatte, wurde Ansgar, ein junger dreißigjähriger Mönch, zum Erzbischof von Hamburg erkoren. Für seinen ernsten Beruf war er in dem berühmten Kloster zu Corvey erzogen worden und hatte bereits als Missionar die Länder des Nordens durchzogen. Des Kaisers Bruder Drogo, Erzbischof von Metz, weihte ihn, und nachdem der Papst Gregor IV. ihm den erzbischöflichen Mantel geschickt hatte zum Zeichen seiner Bestätigung (834), kam er nach Hamburg sein hohes Amt anzutreten, wohin er, außer vielen Reliquien und wertvollen Heiligtümern, auch eben so viel frommen Eifer als Geschick zur Erfüllung seiner Bestimmung mitbrachte. (...)

Als Ludwig der Fromme den Mönch und späteren Bischof Ansgar nach Hamburg sandte, fand dieser bereits einen dauerhaft bewohnten Ort mit einer geregelten und sicheren Infrastruktur vor, dic Hammaburg II. Hier ließ der Missionar des Nordens eine kleine Kirche bauen, von hier aus war er ständig auf Reisen, um das Christentum in Skandinavien zu etablieren.

845 erhielt er Gegenbesuch von den Wikingern, die innerhalb kürzester Zeit die

Holzhäuser niederbrannten, plünderten, mordeten und Gefangene wegführten. In seiner Eile floh Ansgar angeblich nur im Hemd mit den kostbaren Reliquien über die Elbinseln ans andere Ufer.

Der Wikingerüberfall 845

Als aber Kaiser Ludwig 840 verstorben war, da begannen mancherlei Drangsale das Erzstift Hamburg heimzusuchen. Die Ansgar angewiesenen Einkünfte des reichen Klosters Turnholt in Flandern wurden ihm entzogen. Dazu kam noch größere Not: der Krieg.

Die Normannen oder Dänen hatten unter ihrem Könige *Erik* dem Älteren, einem Feind des Christentums, bereits die Nordseeküsten verheert und waren rheinaufwärts bis Köln vorgedrungen. Kühne Barbaren, deren Wildheit erschreckend war, erschienen urplötzlich auf der Elbe und vor Hamburg.

Es war gegen Abend, als die bestürzten Hamburger die Elbe von den normannischen Schiffen bedeckt sahen; kein geordneter Widerstand war vorbereitet, selbst der kaiserliche Schirmvogt, Graf Bernhard, war abwesend. Die kleine Bürgerschar der Stadt und die wenig zahlreiche Besatzung der Burg konnten für den Schutz Ansgars und der Kirche nichts versprechen. Dennoch wurde der Kampf versucht; aber die Scharen der Feinde, die unaufhörlich landeten, wurden immer zahlloser. Ihre Schiffe waren zwar nur klein und fassten kaum 30 Männer, aber deshalb hatten sie durch die seichten Elbarme bis dicht an die Stadt kommen können. Die Menge der Schiffe war unabsehbar. Ansgar selbst gebot den tapferen Hamburgern innezuhalten, und auf Rettung ihres Lebens durch schleunige Flucht bedacht zu sein, da Kampf wie Tod gleich fruchtlos sei. Nun suchte zu entrinnen, wer konnte. Die länger verweilenden, die etwa noch Weiber, Kinder oder Güter retten wollten, fielen mit diesen den wilden Feinden in die Hände. Die stürmten heran mit Feuer und Schwert, noch vor Abend hatten sie das Kastell und die Stadt besiegt, die wehrhaften Männer und viele Greise, Frauen und Kinder erschlagen, die Nacht, den folgenden Tag und noch die nächste Nacht hindurch geplündert, gemordet und gesengt, beim Feuerschein der brennenden Stadt gezecht und gejubelt, – dann erst zogen sie ab. Die Kirchenschätze und sonstigen großen Raub und gefesselte Gefangene führten sie mit sich auf die Schiffe – einen Schutt- und Trümmerhaufen ließen sie hinter sich zurück.

Ansgar gründet das Kloster Ramelsloh (845)

Im Jahre 845 zerstörten die Normannen Hamburg und ließen fast die ganze Stadt in Flammen aufgehen. Die in Furcht und Schrecken versetzten Einwohner flohen in alle Himmelrichtungen, und auch Bischof Ansgar, der Apostel des Nordens, musste eilends fliehen. Erst wenige Jahre vorher hatte er in Hammaburg eine kleine christliche Gemeinde gegründet, eine Kirche bauen lassen und versucht, die Sachsen rechts und links der Elbe zum Christentum zu bekehren. Als die normannischen Seeräuber auch Ansgars Kirche in Brand gesteckt hatten und dem Apostel nach dem Leben trachteten, eilte er mit wenigen treuen Männern auf ein Fischerboot, um auf der Elbe zu entkommen. Sie lenkten das Boot flussaufwärts und bogen dann in die Mündung der Seeve ein, die damals noch breiter und tiefer war als heute, um vor den Verfolgern ganz sicher zu sein.

Nachdem sie einen Tag und eine Nacht gerudert waren, kamen sie in einen dichten Wald, der beide Ufer der Seeve bedeckte. Am Mittag des zweiten Tages trafen sie auf eine Lichtung und beschlossen, hier Rast zu machen. Sie banden das Boot am Ufer fest, stiegen aus und traten auf die Lichtung, die im warmen Sonnenschein ausgebreitet vor ihnen lag.

Plötzlich kam aus dem gegenüberliegenden Walddunkel eine Frau in langem, weißem Gewand, die von einem Mädchen begleitet war. Sie schritten den Männern, die schweigend am Ufer der Seeve verharrten, mutig entgegen und boten ihnen einen freundlichen Gruß. Dann fragte die Frau, woher die Männer kämen. Sie hätten wohl eine lange Reise zu Wasser und zu Lande hinter sich, und was sie hier in dem Wald Ramelsloh suchten. Da erzählte Ansgar von der brennenden Hammaburg, von den sengenden Horden der Normannen und der wilden Flucht der Menschen, zeigte auch die heiligen Gefäße, die er mit großer Mühe gerettet hatte. Als er aber seinen Namen sagte, reichte im Ikia, so hieß die fromme Frau, die schon Christin geworden war, die Hand und sprach: »Bleibt hier bei uns, Ansgar, hier könnt Ihr leben und den Sachsen diesseits der Elbe die frohe Botschaft von Christus verkündigen. Ich habe hier am Wald bei Ramelsloh ein Edelgut und viel Besitz; ich schenke Euch Land und Holz, damit Ihr eine neue Kirche bauen und das Evangelium predigen könnt.« So kam es zur Gründung des Klosters Ramelsloh. Die fromme Ikia aber ging bald darauf wieder nach Bardowick zurück, wo ihre Angehörigen wohnten und sie noch mehr Güter besaß.

Ansgar baute mit seinen Getreuen zunächst eine bescheidene Unterkunft und bald darauf ein Kloster, das dem heiligen Benedikt geweiht war. Später zog Ansgar nach Bremen, wo er auch gestorben ist.

Nach einer anderen Fassung der Sage hatte sich die Schreckenskunde von der Zerstörung Hamburgs schon verbreitet:

Ikia sandte ihren alten Diener zu Bischof Ansgar und als der Alte ihn nicht auffinden konnte, denn es war schon dunkel, betete er inbrünstig zum Himmel. Da senkte sich ein Stern vom Himmel und bewegte sich dem alten Diener voraus, bis er über einer Eiche stehen blieb. Unter ihr saß Ansgar im Kreise einiger Männer. Als dieser die Bitte der Ikia vernahm, auf ihrem Gut ein Kloster zu errichten, dankte er dem Himmel laut und stimmte einen Choral an, in den seine Begleiter einfielen.

Klaus Störtebeker und Gödeke Michels (1400)

Klaus Störtebeker und Gödeke Michels waren Seeräuber und trieben lange Zeit vor der Elbe ihr Unwesen, so dass kein Schiff heraus oder herein konnte, sie hätten es denn erst vorgenommen. Unser König und die Hamburger konnten ihnen nichts anhaben. Endlich aber hat ein Blankeneser Fischer sie überlistet, als sie einmal in der Elbe lagen. Er war ihr alter Bekannter und Kamerad gewesen, ward freundlich von ihnen aufgenommen und bat, sein Boot an ihr Schiff zu legen, weil das Wasser unruhig sei; er wolle sich Essen kochen. Da es nun Nacht ward, und sie meinten, er sei mit dem Essen beschäftigt, schmolz dieser Blei und lötete ihnen das Steuerruder damit fest. Unbemerkt entfernte er sich dann und machte den Hamburgern davon Anzeige, die ihn bis an seinen Tod gut dafür verpflegen ließen.

Drei Jachten machten sich sogleich auf, wie man versichert, eine aus Hamburg, eine aus Altona und die dritte eine preußische. Am

Morgen fielen sie über die Seeräuber her und da sich diese nicht rühren konnten, wurden sie nach tapferer Gegenwehr endlich alle gefangen. So brachte man sie, siebzig an der Zahl, nach Hamburg und alle wurden auf dem Grasbrook geköpft, wobei so viel Blut floss, dass es dem Scharfrichter bis an die Knöchel ging. Nach der Hinrichtung fragte ihn der Senat, wie ihm dabei zu Mute gewesen sei. »Oh, gestrenge Herren«, antwortete er, »mir war so wohl dabei, dass ich auch noch den ganzen hochweisen Senat hätte töten mögen.« Diese kecke Antwort aber musste er mit seinem Leben büßen.

Vergebens hatten die Hamburger in dem Schiff nach großen Schätzen gesucht; da man nichts fand, verkaufte man es endlich an einen Zimmermann, um es zu zerschlagen. Als der aber die Säge ansetzte, traf er gleich auf etwas Hartes und bald schimmerte ihm das helle Metall entgegen. Er machte dem Magistrat Anzeige davon und als man nun die Masten untersuchte, war der eine mit purem Gold, der andere mit Silber und der dritte mit Kupfer angefüllt. So waren auch die übrigen Balken ausgehöhlt. Man belohnte den Zimmermann reichlich und ließ aus dem Gold eine

Krone anfertigen, die um den St. Katharinenturm herumreichte. Daraus haben die Franzosen später Dukaten geschlagen.

Störtebekers Schädel – eine Posse der Neuzeit

Nach ihrer Hinrichtung wurden die Köpfe von Klaus Störtebeker und seinen Kumpanen mit eisernen Nägeln auf Pfosten genagelt und zwecks Abschreckung zur Schau gestellt. Wo die Schädel danach geblieben waren, wusste in Hamburg kein Mensch mehr. Bis 1878 beim Bau der Speicherstadt auf der einstigen Richtstätte ein Schädel zutage kam, in dem ein eindrucksvoller handgeschmiedeter Nagel steckte. Anders als bei ähnlichen Funden war er nicht einfach brutal durch die Schädeldecke geschlagen worden, sondern das Loch war sehr sorgfältig vorbereitet worden, wohl damit dieser Schädel noch möglichst lange gut zu identifizieren sei. Experten vermuteten, dass es sich um den Anführer Klaus Störtebeker gehandelt haben könnte. Bis zum Januar 2010 wurde der wertvolle Fund in einer Vitrine des Museums für Hamburgische Geschichte ausgestellt – dann war er spurlos verschwunden. Sollte Störtebeker aus seiner unverschlossenen Glasvitrine noch einmal auf Kaperfahrt gegangen sein? Peinlich, dass seine Abwesenheit mehrere Tage nicht bemerkt wurde und niemand wusste, ob er verliehen war oder doch gestohlen … Wollte womöglich jemand ein Lösegeld erpressen?

Die Polizei ermittelte verdeckt. Eine Belohnung in Höhe von 5.000 Euro wurde ausgesetzt. Etwa ein Jahr lang gab es keine Spur vom »Liekedeeler«, wie sich der Pirat selbst nannte. Die Museumsleute hatten den Schädel lange abgeschrieben. Da meldete sich plötzlich ein Mann, der behauptete, den Kopf besorgen zu können. Wie bei Entführungen üblich, wurde quasi als »Lebenszeichen« zuerst nur der Nagel überreicht und von den Wissenschaftlern für echt befunden. Die Übergabe des professionell verpackten Schädels erfolgte unter größter Geheimhaltung außerhalb Hamburgs. Der Überbringer verlangte kein »Lösegeld« und nicht einmal die ausgesetzte Belohnung. Ein Hehler war er nicht, sondern nur der Freund zweier Männer, die das Haupt des Störtebekers »aus Blödsinn« hatten mitgehen lassen und sich damit auf einer Grillparty brüsteten. Störtebeker kam unbeschädigt zurück. Das Museum feierte seine Heimkehr und gewährte zwei Tage freien Eintritt.

Übrigens: Ganz in der Nähe der Hamburger Richtstätte am Grasbrook steht heute beim Maritimen Museum eine Skulptur des stolzen Piraten. Über einen Besuch freut er sich auch im Museum am Holstenwall.

Altona (1537)

Auf dem Hügel, wo jetzt Altona steht, standen vor einigen hundert Jahren nur wenige elende Fischerhütten. Da wetteten einst die reichen Hamburger miteinander, sie könnten, wenn sie nur wollten, mit ihrem Gelde noch eine solche Stadt erbauen wie Hamburg. Gesagt, getan. Um nun zu erfahren, wo das erste Haus gebaut werden sollte, band man einem Waisenknaben die Augen zu, so dass er nichts sehen konnte, und ließ ihn gehen. Wo er aber zuerst niederfiele, sollte die Stadt stehen. Der Knabe ging fort, kam bald vom Hamburger Gebiet auf holsteinischen Grund und Boden, und wie er nun an jenen Hügel kam, stolperte er und fiel nieder. Da riefen die Hamburger: »Dat is ja all to nah!« (»Das ist ja viel zu nah!«) Aber sie hielten doch Wort, die Stadt ward dahin gebaut und bekam den Namen Altona.

Zu schön, um wahr zu sein, ist diese Legende. Die Wissenschaftler sind sich heute darüber einig, dass der Name von einem inzwischen verschwundenen Bach, der »Alten Au«, herrührt, der sogar in der Elbkarte des Melchior Lorichs von 1568 verzeichnet ist.

Der Schatz des Rolandwirtes (17. Jahrhundert)
Bei Ottensen ist eine alte Sandgrube, neben welcher zur Zeit des Dreißigjährigen Krieges ein Wirtshaus mit Namen »Im Roland« stand. In demselben verkehrte nur wüstes Gesindel, besonders Schifferknechte, welche entlaufen waren. Als Christian IV. von Tilly geschlagen war, drangen dessen wilde Horden auch in Holstein ein. Im Roland verkehrten sie gerne, denn dessen Gäste waren nach ihrem Geschmack. Dem Wirt aber wurde bange um seine Schätze und deshalb vergrub er sie in der Sandkuhle. Bald darauf erhielt er einen Säbelhieb über den Kopf, als er Frieden stiften wollte und starb. Da er niemandem anvertraut hatte, wo sein Geld eingescharrt war, so ist es im Sande liegen geblieben. Später wollten Leute einen kleinen weißen Hund, wie der Wirt ihn zu halten pflegte, heulen gehört und im Sande scharren gesehen haben. Von dem Schatz des Rolandwirtes hat man aber nie wieder etwas erfahren.

Vom Schweinekrieg (1660)

Zu einer Zeit, da alles ringsum endlich in Frieden lebte, und die Hamburger dachten, nun käme es fortan zu keinem Kriege mehr, da ist erneut ein Krieg ausgebrochen, der freilich nicht ganz so arg wurde wie der Dreißigjährige, dessen Wunden eben zu vernarben begannen, denn man schrieb gerade 1660.

Die Hamburger hatten seit undenklichen Zeiten das Recht, ihre Schweine auf die Eichelmast in den Sachsenwald im Lauenburgischen zu treiben, was mit ihren und den Lübeck'schen Ansprüchen auf den halben Besitz dieses großen herrlichen Waldes zusammenhing. Als nun im genannten Jahre eine beträchtliche Anzahl Hamburgischer Schweine sich, wie üblich, dort gütlich tat, ließ der Herzog zu Sachsen-Lauenburg ohne viel Federlesens soviel er deren habhaft werden konnte, durch seine Leute wegnehmen. So wurde der Stadt und ihren Bürgern manch schöner Braten widerrechtlich entzogen, was großen Zorn und heftige Entrüstung bei Vornehm und Gering erregte. Denn wer mag sich den Bissen vorm Munde wegschnappen lassen! Besonders die Knochenhauer forderten unablässig vom Rat, er möge solch himmelschreiendes Unrecht nicht dulden und für Entschädigung sorgen. Der ehrwürdige Rat schickte also flugs mehrere hundert Mann Reiter und Kriegsknechte mit Spießen und Büchsen in den Sachsenwald, wo sie einige Dörfer besetzten und drohten, nach Lauenburg zu marschieren, wenn nicht eine gütliche Beilegung der Sache erfolgen würde. Das half. Der Herzog erkannte das Hamburger Anrecht an, und gab von dem gefangenen Vieh alles heraus, was noch lebendig war. Der Herzog versprach auch, dass er die Hamburgischen Schweine im Sachsenwalde und wo er sie sonst antreffen möge, völlig unangetastet lassen wolle, was noch lange Zeit gegolten hat, bis die Hamburger nach und nach keine Schweine mehr hinschickten, weil es ihnen unbequem wurde und sie reich genug waren, ihre Schweine bereits gemästet zu kaufen. Da ist das alte Anrecht vergessen worden, und jetzt wäre kein Hamburgisches Schwein in Friedrichsruh oder sonst im Sachsenwald mehr sicher. Merke: Man muss sich hüten, gute alte Rechte durch Nichtgebrauch abkommen zu lassen.

Der gemeine Mann aber hatte seinen Spaß an dieser Sache, und als die Stadtsoldaten von ihrem Feldzuge heimkehrten, der Gott sei Dank – bis auf einen Reiter, der vom Ross gefallen und sich das Bein gebrochen – keines Menschen Leben und Gesundheit, sondern nur einige Schweineschinken gekostet hatte, da wurden sie verlacht, und die ganze Affäre wurde der *Schweinekrieg* genannt.

Auf dem Weg von der Michaeliskirche zu den Krameramtswohnungen spazieren täglich Scharen von ahnungslosen Besuchern an einer wenig beachteten Inschrifttafel vorbei, die an ein königliches Domizil und ein tragisches Ereignis erinnert.

Vom Christinenpförtchen (1667)

Am Krayenkamp liegt der katholische Platz, der so heißt, seitdem 1719 die dortige katholische Kapelle des kaiserlichen Gesandten vom Pöbel zerstört wurde. Im Hintergrund dieses Platzes führt ein schmaler Weg, früher durch eine Pforte verschließbar, in den Bäckergang. Dieser Weg heißt das Christinenpförtchen, und das kam so:

Königin Christine von Schweden lebte im Jahre 1667 nach ihrer Abdankung und dem Übertritt zum katholischen Glauben in einem großen Haus, das sie von ihrem Agenten Texeira gekauft hatte. Von hier aus regelte sie ihre Staatsangelegenheiten, daneben beschäftigte sie sich mit den Wissenschaften und Künsten, weshalb sie auch gern gelehrte Männer bei sich sah. Täglich ritt und fuhr sie spazieren und veranstaltete oft Feste und Lustbarkeiten, wozu sie auch die Ratsherren und angesehene Bürger einzuladen pflegte. So gab sie z.B. am 14. Februar ein Gastmahl nebst Ballett, in welchem sie selbst eine Rolle übernommen hatte.

Zu Ehren der Krönung des neuen Papstes Clemens IX. gab die Königin am 15. Juli abermals ein großes Festessen in ihrer Wohnung. Alle heimischen und fremden Standespersonen waren geladen und bei der Tafel soll es ein herrliches Wohlleben gewesen sein. Dem Haus gegenüber, am St. Michaelis Kirchhofe, hatte sie einen Springbrunnen errichten lassen, der zur allgemeinen Freude unablässig aus neun Rohren einen feinen roten und weißen Wein sprudeln ließ, den der Pöbel mit Jubel und Frohlocken unmäßig trank und wie Wasser zu sich nahm. Als es dunkelte, wurde das Haus prächtig mit 60 Wachsfackeln beleuchtet, die auf vergoldeten Armleuchtern in der Mauer steckten. Oben am Giebel glänzte in einem großen Transparentbild das päpstliche Wappen mit den beiden Schlüsseln. Darunter strahlte nun eine aus 600 Lampen gebildete Lateinische Inschrift, die lautete Deutsch: Es lebe Papst Clemens IX.

Das sah nun zwar beeindruckend aus, aber einige nahmen doch Anstoß daran, dass in unserer lutherischen Stadt der Papst so gefeiert werden sollte. Wie es dann kam, dass sich auch der Pöbel empörte, der bis dahin daran nichts auszusetzen hatte, weiß man nicht. Aber gewiss ist's, dass der Pöbel einen Tumult begann und bedenkliche Drohungen ausstieß, gegen den Papst in Rom, gegen Königin Christina, deren Wein er sich doch wohl schmecken ließ, und gegen das erleuchtete Haus. Freilich trug wohl grade der Wein zur Erhitzung der Gemüter bei, »da der gemeine Mann, und besonders der englische, holländische und dänische Matrose, sich dabei so toll und voll soff, dass bald hie, bald dort einer dalag wie tot.« Aus dem Schreien und Toben wurden Tätlichkeiten; Steine flogen gegen das Haus und in die Fenster. Die königliche Dienerschaft versuchte umsonst, das Volk zu beruhigen und musste, hart angegriffen, aber unter Festnahme eines Rädelsführers ins Haus zurückflüchten, das nur mit Mühe verrammelt werden konnte.

Sobald die Königin von diesen Vorgängen erfuhr, ließ sie die Inschrift und das Transparentbild auslöschen, und hoffte dadurch den Aufruhr zu stillen. Aber der Steinhagel ließ nicht nach, das wüste Gebrüll und die ganze Haltung des Pöbels, der nun einen Sieg errungen zu haben glaubte, wurde immer bedrohlicher. Mehrere Herren, die vom Fenster aus das Volk ansprechen wollten, wurden übel heimgeschickt. Einer der Diener schoss eine blind geladene Pistole ab, wodurch die Wut des Haufens sich noch mehr steigerte. Zwar verbot die Königin ihren Leuten das weitere Schießen, dennoch glaubten einige, ihre Herrin nicht besser verteidigen zu können, und feuerten ihre Musketen auf die Randalierer, von welchen einer getötet, mehrere verwundet wurden. Nun stieg die Gefahr aufs höchste, mit Brechstangen rannten die Rasenden gegen die Haustüre, andere brachten Pechfackeln und Strohbündel, man schrie: »Zündet an, schlagt alle tot!« Die beherzte Königin musste jetzt den Bitten ihrer Gäste nachgeben und flüchten; sie warf ein Regencape über und entkam mit ihren Damen, von wenigen Kavalieren begleitet, durch das Hinterpförtchen in den Bäckergang, von wo sie zu Fuß das Haus des Schwedischen Residenten Moller am Speersort erreichte, in welchem sie übernachtete.

Die übrigen Herren hatten Haus und Habe der Königin bestens gegen die Trunkenbolde verteidigt, die schon die Haustür eingerannt hatten, als die Lärmtrommeln glücklich einige Bürgerkompanien zusammenbrachten, welche gemeinsam mit den Garnisonstruppen unter dem Stadtkommandanten, Oberst von Koppey, den gefährlichen Tumult glücklich meisterten, und die Ruhe wiederherstellten, welche auch in Folge kräftiger Maßregeln des Rates nicht weiter gestört wurde. Am folgenden Morgen führten einige Senatsmitglieder die Königin auf das Feierlichste und Ehrenvollste in ihr Haus zurück. Die Entschuldigungen dieser Herren erwiderte sie mit lebhaften Dankbezeugungen, und händigte ihnen 2.000 Thaler aus für die Verwundeten und für die Angehörigen der Erschossenen.

Von dieser Flucht der Königin Christina hat der enge Weg, der vom katholischen Platz in den Bäckergang führt, den damals wohl zum ersten und letzten Male einer Königin Fuß betreten hat, den Namen *Christinenpförtchen* empfangen und behalten.

Das Zaubertränklein des Hamburger Rats

Geraume Zeit nach dem großen Krieg geschah es einmal, dass ein Lehrbeauftragter in den Hamburger Rat gewählt wurde, der bisher ein eifriger Gegner des Senats gewesen war. Aber seltsam: Von dem Augenblicke an, da er den krausen Kragen trug, vernahm man kein Wort des Tadels über den Senat mehr von ihm, vielmehr wurde er nun dessen eifrigster Lobredner und verstieg sich sogar dazu, Dinge zu rühmen, die er noch vor wenigen Wochen aufs äußerste geschmäht hatte.

Das hatte seinen guten Grund. Es war nämlich im Hamburger Rat Sitte, dass jeder neu gewählte Ratsherr nach seiner Vereidigung von den Bürgermeistern in geheimer Zwiesprache vorgenommen und ihm unter allerlei merkwürdigen Zeremonien ein Tränklein eingenötigt wurde, das sehr süß schmeckte und gut einging. Dieses Tränklein hatte die zauberhafte Wirkung, dass es dem neuen Ratsherren seine früheren Irransichten völlig austrieb und ihn mit inbrünstiger Liebe zum Hohen Rat und den neuen Kollegen erfüllte. Es verfehlte nie seine Wirkung; das hat man auch bei anderen Personen oft genug beobachten können.

Warum die jungen Ratsherren tatsächlich einen solch rasanten Sinneswandel durchmachten, erklärt die nächste Geschichte von der Amtstracht.

Vom Ratshabit

Unter Juristen und Kaufleuten, die einen Sitz im Rat anstrebten, wurde es um 1700 Mode, öffentlich als Gegner des Senats aufzutreten. Der Rat hatte nämlich manchen Kritiker als Kandidaten zugelassen, um dessen Nörgelei zu unterbinden. Von besonders eifrigen Mäklern hieß es: »Er trachtet nach dem krausen Kragen.« Waren die Tadler erst einmal gewählt, pflegten die Bürgermeister dem neuen Ratsherrn zu vertrauter Stunde einige passende Worte zu sagen und ihn auf seine neuen Pflichten einzuschwören, wozu auch die Freundschaft zu Kollegen und die Harmonie in der Ratsstube zählte. Erschien der neue Ratsherr nach dem üblichen Kirchgang erstmals im Senat, durfte er keineswegs mitstimmen und an den Senatsgeschäften teilnehmen, sondern lediglich zuhören. Wie ein armer Sünder musste er abseits an der Ratsstubentür sitzen und, wenn geklopft wurde, eine kleine Klappe öffnen, um Nachrichten entgegenzunehmen. Während alle anderen Ratsherren in ihrer ehrwürdigen Amtstracht erschienen, durfte er sein Habit nur über die Schultern legen und die Arme beileibe nicht durch die Ärmellöcher stecken. Der präsidierende Bürgermeister konnte den stimmlosen Neuling sitzen lassen, solange er wollte. Hatte dieser sich aber bewährt und sprach der Bürgermeister die inhaltsschweren Worte: »In Gottes Namen, Sie mögen gefälligst die Arme durchstecken«, dann fuhr der junge Senator hurtig mit beiden Armen durch die Ärmellöcher und war von da an erst recht ein wirklicher Ratsherr.

Wie der Neuling in einer Eliteschule wird sich der frisch gewählte Kandidat eiligst den Gepflogenheiten angepasst haben.

Inkognito auf Abwegen (1912)

Im Schutz der Dunkelheit schleppten die leichten Mädchen einen schweren Herrn aus ihrem Etablissement auf den Gänsemarkt und setzten ihn auf den Stufen eines Geschäftes ab. Der Herr war elegant gekleidet: Er trug einen feinen dunklen Anzug, dunklen Überzieher, schwarzen steifen Hut und Schnürstiefel. Offensichtlich hatte er einen Schwächeanfall erlitten. Ein zufällig vorbeikommender Arzt fragte den erschöpften Mann, ob er ihm helfen könne. »Danke, ich fühle mich schon besser,« sagte der, tat ein paar Schritte und brach zusammen. Mit Hilfe eines herbeigeeilten Polizisten hievte der Arzt den Bewusstlosen in ein Automobil und ließ ihn ins berüchtigte Hafenkrankenhaus überführen. Hierher wurden all diejenigen gebracht, die von der Polizei nachts auf Hamburgs Straßen aufgesammelt wurden: Kranke, Freudenmädchen, Straftäter, Randalierer, Volltrunkene und Landstreicher. Im Krankenhaus angekommen konnte der Arzt nur noch den Tod des feinen Herrn ohne Papiere feststellen. Er ließ ihn in die Leichenhalle bringen.

Am frühen Morgen erschien der Direktor des noblen Hotels »Hamburger Hof«

und identifizierte den Toten als seinen Gast Graf Kronsborg, der von seinem gewohnten Abendspaziergang nicht zurückgekehrt sei. Eilends wurde ein Beerdigungsinstitut beauftragt, den Toten dezent in die Luxus-Herberge zu bringen und in seiner Suite standesgemäß aufzubahren. Bald sprach sich herum, wer der verblichene Graf Kronsborg in Wirklichkeit war: König Frederik VIII. von Dänemark, der sich mitsamt Gattin, drei Sprösslingen und Gefolge inkognito im »Hamburger Hof« am Jungfernstieg einquartiert hatte.

Die Hamburger ließen sich nicht lumpen. Der Bürgermeister kondolierte persönlich, am Rathaus wurde Halbmast geflaggt, die Ehrenkompanie des 76. Infanterie-Regiments begleitete den Sarg zum Hauptbahnhof. Ein Sonderzug brachte den Verstorbenen zur Königlichen Yacht nach Travemünde.

Der offizielle Polizeibericht vermeldete, der Monarch sei bei seinem Abendspaziergang auf dem Gänsemarkt zusammengebrochen, von zwei Kellnern eines Cafés gefunden und von einem Polizisten ins Krankenhaus gebracht worden.

Doch was munkelten die Zeitgenossen? Sein Abendspaziergang hätte den König wohl nicht zum ersten Mal vom Jungfernstieg zum Gänsemarkt geführt. Denn er sei ortskundig in die schmale Schwiegerstraße abgebogen und hinter einer Wandverkleidung mit der Aufschrift »Für Jugendliche Eintritt verboten« verschwunden. Mehrere Extrablätter berichteten über den vertuschten Skandal.

Das Gerücht vom königlichen Bordellbesuch wurde selbstredend empört zurückgewiesen. Doch ist es nicht seltsam, dass der Polizeiinspektor zwei Wochen nach dem Tod des Monarchen erklärte: »Im Übrigen bin ich nicht in der Lage, weitere Aufklärungen zu geben, da die Polizei beschlossen hat, die Resultate der Ermittlungen nicht öffentlich zu machen, aus Furcht, die dänische Königsfamilie zu verletzen.« Und manche meinen, aus den polizeilichen Akten scheinen etliche Seiten herausgeschnitten zu sein.

Hinter der prächtigen Sandsteinfassade des einstigen Luxushotels verbirgt sich jetzt die moderne Einkaufspassage »Hamburger Hof«.

Die Schwiegerstraße (heute Kalkhof) hat Heinrich Zille mit gaffenden Freiern vor der Wandverkleidung und halbbekleideten Dirnen in einer Zeichnung verewigt. Das Freudenhaus wurde 1943 durch Bombardements zerstört, doch immer noch führt eine schmale Passage vom Gänsemarkt zur Rückseite der Staatsoper.

An das Regiment, das dem König das Ehrengeleit gab, erinnert das 1936 am Dammtordamm enthüllte monumentale Kriegerdenkmal, um das später hitzige Auseinandersetzungen entbrannten. Ganz anders wird am Alsterufer Ecke Fontenay mit einer eindrucksvollen Skulpturengruppe von 1877 der sterbenden und gefallenen Soldaten desselben Regimentes im Deutsch-Französischen Krieg gedacht. Ein Vergleich lohnt!

Possenmacher und Spitzbuben

Wer zur Adventszeit am Gerhart-Hauptmann-Platz durch das nostalgische Weihnachtsdorf mit den Fachwerkbuden der Kunsthandwerker schlendert, ahnt meist nichts von den geschichtsträchtigen Ereignissen, rauschenden Festen und Tragödien, die sich einst hier zugetragen haben. Der Platz wurde 1266 als Marktplatz erwähnt und später Alter Pferdemarkt genannt. Die Pferdeskulptur am Thaliahof, Alstertor 1, erinnert noch an den Pferdehandel. Im 17. Jahrhundert stand hier der Militärgalgen und ab 1656 mitten auf dem Platz die Hauptwache der Hamburgischen Nachtwächter. Daneben befand sich »de Kaak«, der Pranger, an dem »liederliche Frauenzimmer« zur Schau gestellt und gedemütigt wurden, wie die nächste historisch belegte Geschichte zeigt. Zur berüchtigten Franzosenzeit fanden auf dem Pferdemarkt Hinrichtungen mit der Guillotine statt.

Wiebeke, die Putzenmakersche (1541)

Noch heutzutage benennt das Volk ein Weib, das mit Lug, Trug und Schwindeleien umgeht, mit dem wunderlichen Namen »Putzenmakersche«, woraus denn andere, die gern Hochdeutsch reden, noch seltsamer eine »Putzmacherin« bilden und damit auf das ganze ehrbare

Näh- und Putz-Geschäft ein irreführendes Streiflicht werfen. Jenes Wort aber rührt her von *Possen machen*, womit nicht nur harmlose »Narrens-Possen«, sondern alle Arten betrügerischer, auf Gewinn abzielende Schwindeleien verstanden wurden. Der Ausdruck ist alt, wenngleich die Sache noch viel älter ist.

Solch eine Putzenmakersche, eine Possenmacherin, war Wiebeke, ein Landweib von geringer Herkunft, gebürtig aus Moorwerder, aber mit gewaltigem Mundwerk begabt. Die lief in der Stadt umher, drehte ehrlichen Leuten schlechte Ware für gutes Geld an, luchste ihnen unter allerlei Vorwänden Geschenke ab und machte Wind und Possen wie die geschickteste Gaunerin. Und wenn eine Masche nicht länger ziehen wollte, so erfand sie flugs eine andere. Anno 1537 hatte sie das Gevatterbitten (Gevatter = Taufpate) erfunden. Damit betrog sie die halbe Stadt und schwindelte ein Erkleckliches zusammen. Da sie nämlich seit Jahren in den guten Häusern aus- und eingegangen war, so kannte sie alle Familienverhältnisse und Umstände, auch die Schwangerschaften der Frauen, ganz genau. Wo's denn halbwegs passte, da ging sie in ein Haus, vermeldete ein feines

Kompliment von diesem oder jenem, seine Frau Liebste wäre von einem Kindlein entbunden worden, und er lasse schön zum Taufpaten bitten u.s.w. Damals mochten die Leute noch gern Paten werden, denn die Taufschmäuse und Kindelbiere waren auch nicht zu verachten. Darum zögerten sie nicht lange, sondern überreichten der Überbringerin der Nachricht ein anständiges Biergeld: Wenn sie dann aber am dritten Tage im Sonntagsstaat zur Taufe zu kommen gedachten, so war alles eitel blauer Dunst gewesen und zum Schaden hatten sie noch den Spott zu tragen. So trieb Wiebeke es lange, und wusste nicht nur die geringen und einfältigen, sondern selbst die vornehmsten, gelehrtesten und klügsten Leute auf das Unverschämteste zu prellen.

Aber mit dem Gevatterbitten wurde es doch zu arg; deswegen beobachtete man sie scharf und eines schönen Morgens nahmen die Schlupfwächter (Wachen) sie fest. Am 8. August bekam sie ihren Lohn: Sie wurde am Kaak gestäupt (am Schandpfahl ausgepeitscht), worauf ihr der Büttel (Gerichtsdiener) ein Ohr abschnitt, damit sie sich der Strafe erinnern möge.

Aber das war ihr nicht genug. Eine echte Possenmacherin kann nun einmal nicht aus ihrer Schwindelhaut heraus. Sie trieb nach einigen Jahren ihr Gaunergewerbe wieder dreister denn zuvor. Da war des Richtherrn Geduld aber zu Ende; Anno 1541 wurde sie abermals gefasst, und nun ging's kurz und bündig: erst am Kaak gestäupt, dann das andere Ohr abgeschnitten und zuletzt zur Stadt hinaus!

Till Eulenspiegel in Hamburg (vor 1350)

Nachdem das »fromme Kind« des Dorfes Kneitlingen, der weltbekannte Schalksnarr Till Eulenspiegel, den Ehrbaren Rat zu Lübeck so listig angeführt hatte, dass er ihn vom Galgen laufen lassen musste, kam er nach Hamburg, der guten Stadt, wo er bis dato noch niemand genarrt hatte. Er trat auf den Pferdemarkt, wo die Holzbauern standen, und schaute sich um. Da kam ein Meister Barbier zu ihm und fragte, was er für ein Handwerksgeselle wäre? Eulenspiegel antwortete: »Grad' heraus gesagt, ein Barbier.« Da nahm ihn der Meister in Dienst und sprach: »An diesem Markt wohne ich, dort in dem Haus, wo die großen Fenster sind, da geh' nur hinein, ich will bald nachkommen.«

Eulenspiegel sagte: »Ja«, und ging zu dem Hause geradeaus mitten durch das Fenster hinein in die Stube und sagte: »Grüß Gott und das Handwerk.« Des Bartscherers Frau saß in der Stube und spann, die erschrak sich sehr und sprach: »Was führt dich der Teufel *da* herein? Kannst du nicht zur Türe hereinkommen?« Eulenspiegel sprach: »Liebe Frau, zürnt nicht, Euer Hauswirt, der mich als Gesellen angestellt hat, hat mich das geheißen. Sie aber schalt: »Das ist mir ein sauberer Geselle, der seinem Meister Schaden zufügt.« Er antwortete: »Soll der Geselle nicht tun, was ihm der Meister sagt?« Indem kam der Meister und sprach: »Wie Gesell, konntest du nicht zur Türe hineingehen und mir die Fenster ganz lassen?« »Lieber Meister«, sprach Eulenspiegel, »Ihr hießet mich da hineingehen, wo die großen Fenster seien, danach tat ich gehorsam Eurem Gebot.« –

Der Meister schwieg still, denn er brauchte einen Gesellen, dachte auch wohl, durch ihn die Kunden besser zu bedienen und ihm den Schaden vom Lohn abzuziehen; befahl ihm darauf, die Schermesser zu schleifen, und sprach: »Schleife sie glatt aus dem Rücken gleich der Schneide.« Da schliff Eulenspiegel den Messern den Rücken so scharf wie die Schneide, so dass sie an beiden Seiten haarscharf wurden. Als nun der Meister sah, wie Eulenspiegel ihm alle Messer verdorben, sprach er zornig: »Das wird nicht gut.« Eulenspiegel aber meinte: »Wie sollt's nicht gut werden, Ihnen tut's nicht weh, und ich mach' es, wie Ihr mich geheißen habt.«

Da ward der Meister noch zorniger und sprach: »Du bist ein arger Schalk, geh' stracks wieder hin, wo du hergekommen bist.« Eulenspiegel sprach: »Ja, wir können doch nicht ewig beisammen bleiben«, sprang also hurtig zum Fenster wieder hinaus, wo er hereingekommen war, dass die Scheiben abermals klirrten. Da ward der Bartscherer wütend, und lief ihm nach mit dem Gerichtsdiener, der ihn greifen sollte, dass er die zerbrochenen Fenster und die verdorbenen Messer bezahlen möchte. Eulenspiegel aber dachte: Für diesmal ist's genug mit Hamburg; lief behände und hurtiger als Meister und Büttel, kam an den Hafen, sprang in ein Schiff, das gerade abfuhr, und entkam also glücklich.

Danach ist Till Eulenspiegel niemals wieder in Hamburg gewesen.

Ebbe und Flut

Die Elbgeister

Vor mehreren hundert Jahren war die Stadt Hamburg nicht wie jetzt gegen die andringenden Fluten geschützt, sondern von den Wohnungen der Menschen bis zum Flussbett zog sich eine breite Niederung hin. Diese wurde häufig überschwemmt, namentlich im Frühjahr beim Schmelzen des Schnees oder im Herbst, wenn heftige Regengüsse eintraten und Nordweststürme die Fluten aus der Nordsee in die Elbe trieben. Durch den mitgeführten Sand wurden die Niederungen unfruchtbar.

Von diesen Niederungen wird erzählt, dass sich die Elbgeister auf ihnen versammelten, um zu beraten, wie sie den Menschen Schaden zufügen könnten. Die Menschen waren den Elbgeistern verhasst, weil sie durch die Schiffe in das Reich der Geister einzugreifen versuchten.

Die Überschwemmungen währten fort. Wenn sie auch nicht viel Schaden anrichten konnten, da das Land unbebaut war, das von ihnen betroffen wurde, so ging diese Strecke den Menschen doch verloren. Da kam ein kluger Mann auf den Gedanken, den Elbgeistern diese Niederungen abzuringen. Er schlug vor, sie durch Erdwälle vor den Fluten zu schützen. Sein Vorschlag fand Beifall und bald sah man viele Menschen beschäftigt, die schützenden Deiche aufzuwerfen.

Die Elbgeister kamen jeden Abend und sahen sich das Beginnen der Menschen an. Sie konnten sich nicht erklären, wozu diese Arbeit dienen sollte, und spotteten derselben. Endlich waren die Deiche fertiggestellt, und getrost sahen die Bewohner einer Überschwemmung entgegen. Ein heftiger Weststurm trat ein und trieb die Wellen zu außerordentlicher Höhe. Aber der Deich setzte ihnen kräftigen Widerstand entgegen, und die Niederungen blieben verschont. Als die Elbgeister dies bemerkten, sahen sie sich überlistet. Sie versuchten mit heftigen Stürmen und Hochfluten das Werk der Menschen zu zerstören, aber ihr Mühen war vergeblich. Nur an einer schwachen, dem

Ansturm besonders ausgesetzten Stelle gelang es. Am nächsten Morgen aber sprang der Wind nach Osten um, das Wasser lief ab, und die Bewohner konnten ihren Deich nicht nur ausbessern, sondern bedeutend verstärken.

Von nun an begann ein fortgesetzter Kampf mit den Elbgeistern. Immer wieder versuchten diese, das Werk der Menschen zu zerstören. Verschiedene Male ist es ihnen gelungen, so wie im Jahre 1825 und teilweise in den 1870er Jahren in Billwerder. Noch heute sollen sich die Elbgeister in Gestalt von Eulen auf dem Deich aufhalten, der heute Billwerder-Deich heißt, früher aber den Namen Eulendeich führte.

Der Fliegende Holländer

Der Fliegende Holländer, so wird gesagt, soll bis an den jüngsten Tag keine Ruhe finden. Bis zum Jüngsten Gericht muss er mit seinem Schiff auf See umhertreiben und herumkreuzen und die Seeleute Bange machen.

Der Fliegende Holländer war ein Kapitän, der mit seinen Leuten einen sehr rohen Umgang pflegte. Sie beteten niemals, scherten sich nicht um Gott, Sonntag und die Kirche und warfen die Bibel über Bord. Einmal bekamen sie Streit miteinander, da nagelten die Leute den Schiffer mit einem großen Nagel am Mast fest und fielen übereinander her.

Seitdem muss das Schiff zur Strafe ewig auf See spuken. Alle Schiffe, die dem Fliegenden Holländer begegnen, müssen untergehen. Ganz vereinzelt kommt mal einer mit zerrissenen Segeln und einer großen Havarie davon, wenn das gespenstische Schiff weit ab in Sicht gekommen ist.

Meistens kommt der Fliegende Holländer im Sturm angesegelt, alle Segel an den Rahen, dann lacht und jauchzt und singt die Crew wie verrückt und der Fliegende Holländer schreit und heult. Seeleute haben ihn aber auch schon bei Totenstille gesehen, dann rührt sich nichts an Deck. Die Matrosen tragen noch das ganz alte Zeug und sehen auch uralt aus, sie müssen aber immer noch singen wie Leichtmatrosen. Ihre Sprache ist auch nicht mehr zu verstehen.

Einmal sah einer das graue Schiff auf See treiben, hat sein Boot klargemacht und sich gedacht: »Was das wohl für ein Knappe ist, das will ich mir wohl ansehen!« Er schipperte hin, kam bei dem Schiff an und wollte die Fangleinen festmachen – da sackte das ganze Schiff wie Asche zusammen. Er stürzte ins Wasser und hatte nachher Mühe, sich zu retten.

Während der Fliegende Holländer das Schreckgespenst aller Seefahrer ist, gibt es vom Klabautermann viel Gutes zu erzählen.

Der Klabautermann ist ein guter Schiffsgeist, der sein Schiff erst verlässt, wenn es untergeht. Der meist unsichtbare Kobold steht dem Kapitän nahe und warnt ihn vor Gefahren. Er hilft beim Bau des Schiffes und beim Dichten des Schiffsdecks (Kalfatern), daher wird er auch »Kalfatermann« genannt. Die kleine Gestalt trägt Seemannskleidung, hat einen feuerroten Schopf und einen weißen oder grauen Bart. Er treibt gern Schabernack und hat immer einen Hammer und eine Tabakspfeife bei sich, manchmal auch eine Seekiste. An Bord hört man ihn im Laderaum poltern, wo er hämmert, Ladung nachstaut und mit Brettern wirft. Wenn er klopft, dann bleibt er, wenn er hobelt, geht er. Er kommt auch an Deck, steigt in den Mast, klettert in die Takelage. Aber man sieht ihn nicht. Wenn er sich zeigt, ist es ein schlechtes Zeichen, denn er verlässt das Schiff erst, wenn es untergeht.

Der Klabautermann und der Schiffsjunge

Ein Blankeneser Schiffsjunge kam einst auf ein Hamburger Schiff. Das Schiff segelte nach der Westküste Amerikas und kam glücklich wieder zurück bis Helgoland. Nun stand eines guten Abends der Junge auf dem Ausguck. Auf einmal stürzte er mit jämmerlichem Geschrei von der Back herunter. Man fragte ihn, was ihm fehle, er konnte aber kein Wort herausbringen. Am anderen Morgen schickte der Steuermann ihn hinauf, die Segel loszumachen. Kaum war er oben, so stürzte er auch schon rücklings auf's Verdeck und brach ein Bein. Wie er nun abgemustert hatte, erzählte er, dass er an jenem Abend eine weiße Gestalt auf dem Bugsprit gesehen und den anderen Morgen oben in den Rahen. Darüber sei er heruntergefallen. Die Gestalt aber sei kein anderer gewesen als der Klabautermann.

Andere wollen wissen, dass der Klabautermann unter der Ankerwinde sitzt und der kleine Kerl gelbe Kniehosen, Reiterstiefel und einen spitzen Hut trägt. Wenn ein Schiff verderben soll, so hört man den Klabautermann unruhig die Leitern auf- und absteigen und auf den Rahen mit dem Tauwerk klappern oder im Schiffsraum lärmen, so dass die Mannschaft dann das Schiff je eher je lieber verlässt.

Klabautermännchen und Pucks

Die Klabautermännchen halten sich auf Schiffen auf, wo sie von ihnen hingesetzter Milch leben, und dafür allerhand Dienste verrichten; namentlich waschen sie das Schiff, helfen die Anker aufziehen und anderes mehr, und man hat nichts mehr zu fürchten, als wenn das Klabautermännchen das Schiff verlässt. Darum muss man sich ganz besonders hüten, ihnen einen Rock oder ein Paar Schuhe hinzulegen, denn dann verlassen sie augenblicklich ihren Aufenthalt. Sie gehen nämlich mit kurzen roten Jäckchen einher, die nicht im besten Zustand sind und oft Löcher haben, so dass es einem wohl das Herz bewegen möchte, wenn man sie sieht. An Land heißen sie »Puck« und halten sich in Häusern besonders gern im Gebälk auf, weshalb man auch beim Umbau eines Hauses die Balken nicht fortwerfen darf, sondern so viel wie möglich davon für das neue Haus verwenden muss.

Das Klabautermännchen und der Kapitän

Auf einem Schiff, das sich mitten auf der See befand, klingelte der Kapitän dem Schiffsjungen: »Bringe mir eine Flasche Wein und zwei Gläser!« »Zwei Gläser, Kapitän?«, fragte verwundert der Junge. »Ihr seid ja allein, wie kriegt Ihr denn Besuch?« Der Kapitän befahl ihm zu gehen und zu tun, wie er geheißen. Als der Junge nun wieder mit der Flasche und den Gläsern in die Kajüte trat, da saß da der Schiffsgeist bei dem Kapitän und beide sprachen miteinander, der Kapitän schenkte ihm ein und sie tranken zusammen.

So lange nämlich ein solcher Schiffsgeist auf dem Schiff und gut Freund mit der Mannschaft ist, geht das Schiff nicht unter und jede Fahrt gelingt; verlässt er es, so steht es schlimm. Alles, was am Tage auf dem Schiffe zerbrochen ist, zimmert er nachts wieder zurecht; er heißt darum auch der Klütermann. Er bereitet außerdem manche Arbeit für die Matrosen vor und verrichtet sie gar für sie. Ist er aber in übler Laune, macht er einen gräulichen Lärm, wirft mit Brennholz, Rundhölzern und andern Sachen umher, klopft an die Schiffswände, vernichtet manches, hindert die Arbeiter, ja gibt den Matrosen unsichtbar heftige Ohrfeigen. Von diesem Lärmen, meint man, heiße er der Klabautermann.

Die schmale Norderelbe

Die Norderelbe, sagt man, ist in alten Zeiten so schmal gewesen, dass die Leute von Finkenwerder ein Brett hinübergeworfen haben, wenn sie sonntags nach Nienstedten zur Kirche wollten. Damit stimmt auch überein, dass alle Werder (Inseln), wie Georgswerder, Altenwerder und Finkenwerder, früher immer zu Holstein zählten. Wer nun die große, breite Elbe hinunterfährt, kommt gewiss nicht auf den Gedanken, dass zwei Dörfer, die so weit voneinander entfernt sind wie Finkenwerder und Nienstedten, früher eine Kirche gehabt haben.

Oberhalb Hamburgs, an der Bunthäuser Spitze, teilt sich der Elbstrom in die Norder- und die Süderelbe. Bis ins 16. Jahrhundert führte der Hauptschifffahrtsweg an Hamburg vorbei durch die deutlich tiefere Süderelbe zum Hafen von Harburg, der zum Herzogtum Braunschweig-Lüneburg gehörte. Die Norderelbe, auf der heute riesige Containerschiffe den Hamburger Hafen anlaufen, war ein wenig schiffbarer Flussarm, der in regenarmen Sommern beinahe trockenfiel.

Doch die Hamburger scheuten keine Mittel, um den Anrainern im Süden das Wasser abzugraben. Sie bauten Stacks (Buhnen zur Fahrrinnenvertiefung) und einen Leitdamm, der den Hauptstrom zu ihren Gunsten umleiten sollte. Patrouillierende Wachschiffe zwangen alle Schiffe künftig den Weg durch die Norderelbe zum Hamburger Hafen zu nehmen.

Naturfreunde dürfen einen Besuch im Elbe-Tideauenzentrum und den malerischen Leuchtturm an der Bunthäuser Spitze auf keinen Fall versäumen.

Von Januar bis März 1625 brachen drei große Sturmfluten über die Ufer der Niederelbe. Die mittlere, am 25./26. Februar fiel mit Neumond und einer Sonnenfinsternis zusammen und brachte gewaltige Eismassen ins Treiben. Pastor Risler in Horneburg zeichnete in seiner »Wasserpredigt« ein furchtbares Bild:

»Mancher hat nichts anders als den Tod vor Augen gesehen. Mancher hat seines Nachbarn Haus mit Weib und Kind dahinfahren sehen. Mancher hat wegen Hebung und Bewegung seines Hauses in Angst gesessen. Ich habe in unserer Nachbarschaft nicht ein, sondern unterschiedliche Häuser gesehen, darin die Leute in großer Angst auf dem Dachboden saßen und die Wände waren weg und ausgespült, dass nur allein die Ständer des Hauses standen. Da sahen sie ihre hölzernen Hausgeräte treiben. Auch ich sah manch Kiste und Schrank, Lade, Bank und andere hölzerne Hausgeräte schwimmen.«

In der Tat ist das tragende Ständerwerk der Fachwerkhäuser von den Zimmerleuten so gut verzapft, verzahnt und verblattet, dass es oft stehen blieb, während die nicht tragenden Außenwände von den Wassermassen herausgeschlagen wurden.

Die Fastelabend-Flut (1625)

Es haben sich die Hamburger wohl selten einer so schönen warmen Januar-Witterung zu erfreuen gehabt, als im Jahre 1625, denn fast gemahnte sie an einen italienischen Frühling. Es grünte aller Orten, Primeln, Tulpen und andere Blumen kamen massenhaft hervor, alle Hecken, ja selbst die wilden Rosensträucher blühten mitten im Januar. Dann aber gab's Frost, der all die Herrlichkeit zerstörte, und am 26. Februar kam ein furchtbarer Sturm aus Nord-West. Da gerade Mondwechsel eintrat, auch die Oberelbe voller gestauter Eisschollen war, stieg die Springflut bei Hamburg zu einer unerhörten Höhe, wie sie seit der großen Cäcilien-Flut Anno 1412 nicht erlebt worden war. Die eintretende Ebbe konnte nur wenig

Wasser wegbringen und mit der neuen Flut stieg das Unglück noch höher. Schon um drei Uhr nachmittags fuhr man in den niedrig gelegenen Stadtteilen, z. B. beim St. Catharinen- und Marien-Magdalenen-Kirchhof, nicht nur mit Kähnen, sondern sogar mit Ewern. Durch diese Überschwemmung wurde viel großes Unglück angerichtet. Die Deiche brachen und alle Marschen wurden vom Wasser verheert. In der Stadt litt besonders die St. Catharinen-Kirche, in der die Flut fußhoch stand. Einen Prediger, der gerade Beichte hielt, musste man mit einem Boot abholen. Die Gräber fielen ein, Särge trieben empor und umher. Es vergingen vier Wochen, bis man den Schaden durch Erhöhung des Fußbodens so weit beseitigt hatte, dass wieder gepredigt werden konnte. So ist es durch eine eingemeißelte Inschrift auf der Gedächtnistafel an der Nordwand im Inneren der Kirche bezeugt.

An ein Wunder grenzt es, dass in diesem Sturm ein Schiff von 170 Lasten über den Grasbrook, über Deiche und Dämme hinweggetrieben wurde und mitten im Land, bei Bullenhusen, zum Liegen kam. Ein kleiner Junge machte nebst einer großen Katze die ganze Besatzung des Schiffes aus. Während man nun nach Ablauf der Gewässer darüber beratschlagte, wie man das auf dem Trocknen sitzende Schiff von da wegbringen und wieder flott machen könne, und schier daran verzweifelte, da kam eine zweite Sturmflut, durch welche das Schiff mit dem kleinen Jungen und der großen Katze durch die noch offenen Deichbrüche glücklich wieder auf den Elbstrom gelangte.

Eine wunderbare Rettung (1710)

Etwa im Herbst 1710 kehrte der Hamburger Schiffer Ulrich Janssen von London mit seiner Brigg heim. Es hatte stark aus Nord-West gestürmt und die Wogen türmten sich hoch. Als er sich der Elbmündung näherte, trieben ihm mit der Ebbe viele Trümmer entgegen ins Meer; was vermuten ließ, dass die Sturmfluten an den Elbufern übel gehaust und große Verheerungen angerichtet hatten. Noch jenseits der Insel Neuwerk, nachmittags vier Uhr, entdeckte er von Ferne etwas auf sich zu treiben, was er anfangs für ein Schiffswrack hielt. Durchs Fernrohr sah er Menschen darauf, ließ also darauf zuhalten. Nähergekommen, gewahrte er zu seinem Erstaunen, dass es kein Wrack, sondern ein ganzes Strohdach war, auf dessen First ein Mann, eine Frau und fünf Kinder rittlings saßen, Mann und Frau an den Enden, die Kinder in der Mitte, alle eng aneinandergeschmiegt und sich umschlungen haltend. Es kostete ihn und seine Mannschaft große Mühe, diese Armen zu retten, denn das Meer brodelte sehr. Auch konnte sein Boot, des schrägen Daches wegen, nicht nahe herankommen und die Verunglückten waren fast starr und kraftlos. Endlich aber glückte es, – nur fünf Minuten später brach das Dach auseinander. Nachdem die Geretteten sich auf seinem Schiff mit Speise und Trank erquickt und etwas erholt hatten, berichteten sie, dass sie auf einer Elbinsel zu Hause gewesen waren. Dort hätte die entsetzliche Sturmflut die Deiche durchbrochen und grausame Verwüstung angerichtet. Sie hätten sich auf den Dachboden ihres Hauses geflüchtet, das nahe am Deich gestanden habe. Als aber das Wasser höher gestiegen, seien sie mit einer Leiter durch die Luke auf den Dachfirst gestiegen, um ihr Leben zu retten. Plötzlich hätten gewaltige Wassermassen den ganzen Dachstuhl vom Unterhaus abgerissen und fortgeschwemmt. Es sei gegen zehn Uhr abends und stockfinstere Nacht gewesen. Als sie aber deutlich wahrgenommen hätten, dass die Fluten sie von der Insel weg in den offenen Elbstrom getragen, da hätten sie vor Entsetzen alle Besinnung und Aufmerksamkeit verloren, und sich nur unwillkürlich so eng aneinandergepresst und umschlungen als möglich. Als sie wieder zu sich gekommen, sei es Tag gewesen, aber vor Nebel, Regen und Sturmwetter hätten sie nur wahrnehmen können, dass sie mit der Ebbe abwärts trieben. Den ganzen Tag über hätten sie ihre Hoffnung auf ein Segelschiff gesetzt, das sie erlösen möge, hätten auch innig darum zu Gott gebetet. Es sei ihnen aber kein einziges Schiff begegnet, weil sich wohl wegen des grauenhaften Wetters keines habe hinauswagen können. Zu essen und zu trinken hätten sie nicht das Geringste gehabt, und jede Minute hätten sie erwartet, dass der Haufen Holzsparren und Strohhalme, an den sie sich klammerten, auseinanderbrechen würde. Unterdessen sei die Flut gekommen, die sie wieder elbaufwärts trieb, in die Nähe ihrer Insel. Die armen hungrigen Kinder hätten sich schon gefreut in Erwartung der Rettung. Doch dann sei wieder Ebbe eingetreten und die schreckliche Fahrt sei abermals abwärts gegangen, so dass sie trostlos und verzagt erneut in Verzweiflung fielen und fast entschlossen waren, sich freiwillig vom Dach in die Fluten sinken zu lassen, um bloß der grausamen Qual zu entrinnen. Darüber sei es wieder Nacht geworden und wie der folgende Tag in der dumpfen, stumpfen Verfassung ihres Gemütes vergangen sei, das wüssten sie nicht. Es sei einige Male Flut und Ebbe gewesen, sie seien wieder etwas aufwärts, aber immer stärker wieder ab- und seewärts getrieben, sonst hätten sie wenig bemerkt. Nach Schiffen hätten sie wohl ausgelugt, allerdings nur in weiter Entfernung bei Cuxhaven auf der Reede einige wahrgenommen. Sie hätten aber vor Schwäche und Trübsinn gar nicht versucht, um Hilfe zu schreien, was auch wohl vergebens gewesen wäre. Den Neuwerker Turm hätten sie noch gesehen; und als sie nun, so ganz verlassen von aller Welt, in die offene See hineingetrieben wären, da hätten sie, so gut sie es vermocht, noch einmal zu Gott um Erlösung von dieser Qual gefleht, nicht um ihr Leben zu retten, sondern nur um baldiges Ende durch den barmherzigen Tod. Und da hätten sie das

Schiff ihres Erretters, Kapitän Janssen, gesehen. Gott hätte ihre Leiden beendet und ihnen das Leben dazu geschenkt, dafür sie ihn ewig preisen müssten.

Wer es ermessen kann, was es sagen will: In solcher stetigen Todesangst, gleichsam im offenen Rachen des Verderbens umhergeworfen, vor Hunger, Kälte und Schrecken erstarrt, zwei Nächte und zwei Tage lang auf morschem Gebälk von Sturmfluten in die Meereswüste hinausgeschleudert, und *dann gerettet* zu werden, – der wird auch die Freude der armen Leute und ihren Dank für das Wunder Gottes ermessen können.

Am Fischmarkt, auf dem Platz der Seefahrt in St. Pauli steht weithin sichtbar die »Madonna der Seefahrt« als Denkmal für die auf See Verschollenen und ihre trauernden Angehörigen. Die Inschrift lautet:

»DER UNVERGÄNGLICHEN SEE / DEN SCHIFFEN DIE NICHT MEHR SIND / UND DEN SCHLICHTEN MÄNNERN / DEREN TAGE NICHT WIEDERKEHREN« / JOSEPH CONRAD

Allgemein bekannt ist die Bedeutung des Begriffes »Seemannsgrab«. Unzählige Seeleute sind auf See verschollen, andere wurden als Strandleichen an die Küsten gespült. Ebenso wie Selbstmördern wurde ertrunkenen Seeleuten kein christliches Begräbnis zugestanden; man konnte ja schließlich nie wissen ... So entstanden auf Inseln wie Helgoland, Neuwerk oder Sylt abseits der Kirchhöfe die »Friedhöfe der Namenlosen«.

Dass aber auch Ertrinkenden erbarmungslos jede Hilfe verwehrt wurde, erscheint heute kaum fassbar. In der Chronik der Patriotischen Gesellschaft in Hamburg findet sich eine Erklärung:

Die Rettung Ertrinkender (1769)

Noch im 18. Jahrhundert bestand ein offenbar schwer ausrottbarer *Aberglaube von der Unehrlichkeit jedes gewaltsamen Todes, besonders in solchen Fällen, wo es ungewiss war, ob dieser Tod nicht etwa durch Selbstmord veranlasst sein könnte.* Die Menschen glaubten, durch das Berühren eines verunglückten Körpers selbst von einer Art Fluch belegt zu werden. Gesetzliche Vorschriften zur Hilfestellung hielt ein Berichterstatter der Gesellschaft daher für wenig erfolgversprechend.

Die Patriotische Gesellschaft hatte bereits 1769 eine »Hamburgische Rettungsanstalt für im Wasser verunglückte Menschen« mit mehreren Stützpunkten gegründet. Der Senat setzte eine Prämie von 50 Mark Courant zur Rettung von Ertrunkenen aus. Dennoch ließ die Hilfsbereitschaft der Bevölkerung weiterhin zu wünschen übrig. 25 Jahre später wurden eigens konzipierte Rettungsboote vorgestellt, die es ermöglichten, mit Hilfe von speziellen Tragekörben oder Brettern verunglückte Personen aus dem Wasser oder vom Eis zu bergen, ohne sie berühren zu müssen. Von der Überwindung des Aberglaubens bis zur humanitären Hilfe war es noch ein langer Weg.

An der Trostbrücke in einem eindrucksvollen neogotischen Gebäude am Ort des ehemaligen Rathauses hat die Patriotische Gesellschaft ihren Sitz. An der sozialen, kulturellen und politischen Entwicklung der Stadt hat sie maßgeblichen Anteil und widmet sich bis heute der uneigennützigen Förderung des Gemeinwesens.

Sommersonnenwendnacht

Von der Sommersonnenwendnacht glauben die Fischer auf der Elbinsel Finkenwerder, dass dann jedes Wrack auf dem Grund des Wassers sich wende, sich umdrehe oder zum mindesten durch die Kraft der umkehrenden Sonne eine andere Lage einnehme. Sie suchen deshalb gleich nach Johanni alle bekannten Wracks in der See ab, um die neu auftauchenden Ketten und Bolzen für sich zu bergen.

Liebe und Leid

Die verwünschte Linde bei Harvestehude (um 1350)

Auf dem Feld links an der Chaussee vom Rothenbaum nach Eppendorf steht ein kleiner kugelrunder Lindenbaum, der seit 500 Jahren nicht größer geworden, sondern an Umfang des Stammes, der Äste und Krone gerade so geblieben ist, wie er damals war, nur dass man der Rinde das hohe Alter des Baumes wohl ansehen kann. Der Baum aber ist verwünscht, und das ging der Sage nach so zu.

Im Kloster Frauenthal zu Harvestehude hatte ein junges, schönes Mädchen aus vornehmem Geschlecht zu Hamburg aus Liebeskummer den Schleier genommen. Sie hatte sich mit einem jungen Edelknappen der Umgegend verlobt. Der war zu Heerfahrten in die Welt gezogen, um sich die goldenen Sporen zu verdienen, dann mit Ehre und guter Beute zurückzukehren und sie auf seine väterliche Burg heimzuführen als ihr Gemahl. Die Zeit aber war längst um gewesen und der Geliebte nicht gekommen. Darum wollte ihr Vater sie zwingen, das Verlöbnis zu lösen und einen anderen Mann zu heiraten. Und da sie den nicht leiden konnte, sie auch noch immer in treuer Liebe an ihrem fernen, vielleicht längst verstorbenen Geliebten hing, so wusste sie sich nicht anders zu helfen, als ins Kloster zu gehen.

Einige Zeit danach aber kehrte der junge Ritter heim, und als er erfuhr, was geschehen war, fasste er den Plan, seine einstige Braut, koste es was es wolle, aus dem Kloster zu entführen und mit ihr in ferne Lande zu flüchten. Er wusste es auch anzustellen, dass sie eine Nachricht von ihm empfing, und dass er sie einige Male in stiller Nachtzeit im Klostergarten sprach. Da ist er jedes Mal durch die Alster geschwommen, über die Mauer geklettert und hat sie unter den großen Eichen, die noch bei Harvestehude stehen, erwartet. So sehr nun auch der Ritter bat, und so tief die arme Nonne ihr Schicksal beklagte, so blieb sie doch ihrem Gelübde treu und widerstand fest seinem Vorhaben, sie zu entführen. Und zuletzt sagte sie ihm feierlich für dieses Leben Lebewohl, da sie gewillt war, ihn fortan nicht wiederzusehen; und vertröstete ihn auf den Himmel. Nach diesem schmerzlichen Abschied ist der Ritter sogleich aus dem Lande gezogen und geistlicher Ordensritter geworden, aus Harvestehude aber gänzlich verschollen.

Die grünen Eichen jedoch im stillen Klostergarten haben dazumal bei den nächtlichen Unterredungen einen Verräter verborgen gehalten, und gegen die arme Nonne ist beim geistlichen Gericht eine schwere Anklage wegen unerlaubten Liebeshandels und gebrochenen Gelübdes erhoben. Und da sie nun nicht leugnen konnte, ihren vormaligen Verlobten mehrere Male dort heimlich gesprochen zu haben, sonst aber, da der Ritter fern war, keinen Beweis für ihre Unschuld bringen konnte, so hielt man die schlimme Anschuldigung für erwiesen und verurteilte sie zum Tode und zum Begräbnis auf freiem Feld in ungeweihter Erde.

Ehe sie hingerichtet wurde, hat sie darum gebeten, dass ihr Leib auf dem Klosterfelde, in dem Hügel, auf dem ein junger Lindenbaum stand, begraben werde, und hat gesagt: »Ich verwünsche den Lindenbaum, dass er niemals größer werde, als er jetzt ist, und das soll als ein Zeugnis gelten für meine Unschuld, denn so gewiss er künftig nicht mehr höher wachsen wird, so gewiss sterbe ich, wie ich gelebt, als eine reine und unschuldige Braut Christi.«

Die weiße Jungfrau in Harburg

In dem alten Harburger Schloss ging zur mitternächtlichen Stunde oft eine weiße Jungfrau um. Es war der Schatten einer fürstlichen Person, die im Schloss eines gewaltsamen Todes gestorben war. Einst weilte sie zu längerem Besuch hier bei der Familie des Herzogs, und bald hatte ihre Schönheit es zwei Brüdern, die im Gefolge des Herzogs dienten, angetan. Beide warben ernstlich um ihre Huld. Als sie aber ihr Herz dem einen zuwandte, wandelte sich die Liebe des anderen in glühenden Hass. Von gedungenen Buben ließ er sie eines Tages, während sein Bruder ausgeritten war, ergreifen und lebendig einmauern.

Nach einer anderen Überlieferung aber hatte die Jungfrau heimliche Zusammenkünfte mit einem Ritter, der das Herrenhaus in Kanzlershof besaß. Dorthin soll sogar vom

Harburger Schloss aus ein unterirdischer Gang geführt haben. In diesem Gang soll die schöne Jungfrau eingemauert worden sein, sich aber hernach noch gelegentlich den Personen im Harburger Schloss gezeigt haben.

Sagen

Die wunderbare Kohlwurzel (1482)

Um 1480 lebten im Hamburgischen Dorf Eppendorf, das zum Kloster Harvestehude gehörte, zwei Schwestern, die hatten von ihren Eltern weiter nichts geerbt als einen großen Kohlgarten, von dessen Ertrag sie sich ernährten. Da sie sich nicht gut vertrugen, teilten sie den Garten in zwei Hälften, damit jede ihr eigenes Stück hätte und darauf nach Belieben schalten und walten könne. Die älteste Schwester war fleißig und pflegte den Garten früh und spät, so dass ihr Kohl und Gemüse trefflich gedieh und bei Hamburger Feinschmeckern beliebt war, was ihr guten Gewinn brachte. Im Gartenland der jüngeren Schwester, die faul war und sich um nichts kümmerte, wuchs zwischen vielem Unkraut nur schlechtes Gemüse. Darum beneidete diese ihre ältere Schwester und glaubte, dass ihr ein Geheimmittel zur Verfügung stünde, und deshalb ihr Kohl so wunderbar gedeihe. Weil sowohl Neid als Habsucht sie trieb, ebenso vortrefflichen Kohl zu ernten, verlegte sie sich in der Stille auf allerlei schwarze Kunst und Zauberei. Mit gotteslästerlicher Absicht ging sie das nächste Mal zum heiligen Abendmahl und bewahrte bei Austeilung des Sakraments die geweihte Hostie im Munde auf, nahm sie dann aber heimlich heraus und grub sie in der folgenden Mitternachtsstunde in aller Teufel Namen in ihrem Garten unter einer jungen Kohlpflanze ein.

Nicht lange danach zeigte sich die gewünschte Wirkung des Zaubermittels. Das Unkraut verschwand von selbst, die Kohlpflanzen wuchsen und gediehen in solcher Schönheit, wie niemals hierzulande vorher gesehen. Der anderen Schwester und aller Nachbarn ehrliche Kohlhöfe waren gegen diesen nur Kinderspiel, und aus Hamburg kamen Aufkäufer und Höker und boten im Voraus große Summen für den herrlichen Ertrag des Gartens.

Inzwischen hatten die Nachbarn bemerkt, dass jede Nacht in diesem Garten ein

Lichtschimmer funkelte; sie fragten also die Eigentümerin, was sie denn noch nachts mit der Leuchte dort zu hantieren hätte? Darauf beteuerte sie, dass sie gar nichts davon wisse. Als nun die Nachbarn genauer hinsahen, bemerkten sie, dass das Licht keine Leuchte war, sondern von einer der Kohlpflanzen ein wunderbarer strahlenförmiger Glanz ausging, der die Pflanze fast wie ein Heiligenschein umgab.

Solches Phänomen kam ihnen befremdlich vor, deshalb zeigten sie es bei ihrer klösterlichen Obrigkeit zu Harvestehude an, woraufhin diese in großer Prozession mit Priestern und Mönchen zum Garten zogen. An der bezeichneten Stelle grub man die Kohlpflanze aus und entdeckte ein Mirakel. Denn die Wurzel der Pflanze, die ungewöhnlich groß und stark war, zeigte das leibhaftige Bild des Heilandes am Kreuz, so deutlich und augenscheinlich, dass alle, die dabei waren, auf die Knie fielen.

Diese wunderbare Kohlwurzel wurde sogleich ins Kloster zu Harvestehude gebracht und dort in eine silberne Monstranz gefasst. Die Geschichte verbreitete sich im Nu. Um das Wunder zu sehen, zogen scharenweise Andächtige aus Stadt und Land herbei, denen auf Verlangen die Kohlwurzel gerne gezeigt wurde. Das begab sich im Jahre 1482.

Die Zauberschwester aber gestand gleich, welche Gotteslästerung sie verübt hatte, und gab zu, dass diese Kohlpflanze dieselbe sei, an deren Wurzel sie die heilige Hostie eingegraben hatte. Darum wurde sie dem Gericht übergeben und nach dem Recht an Leib und Leben bestraft.

Der Garten aber sank gleich, nachdem die Kruzifix-Wurzel herausgenommen, in seine vorige Wüstenei zurück.

Ein halbes Jahrhundert später, als durch die Kirchenreformation das Kloster Frauenthal zu Harvestehude zerstört war, kam die Monstranz mit der Wunder-Wurzel ins Johannis-Kloster zu Hamburg, das nach Vertreibung der Mönche den lutherisch gewordenen Klosterjungfern eingeräumt war. Auch hier wurde sie vielen Liebhabern von natürlichen und geistlichen Wunderwerken gezeigt, wodurch sie schließlich so bekannt und berühmt wurde, dass Kaiser Rudolf II. nichts sehnlicher wünschte, als sie zu besitzen.

Als deshalb Anno 1602 sein Gesandter, der Freiherr Ehrenfried von Minckwitz, in Hamburg in der großen Reichenstraße residierte, da eröffnete derselbe dem Hamburger Rat des Kaisers Wunsch. Um das Reichsoberhaupt wohlgesonnen zu stimmen, sorgte der Rat dafür, dass dem von Minckwitz am 17. Februar die Wunder-Wurzel für seinen Gebieter ausgeliefert wurde. Der Kaiser nahm sie in Prag in Empfang und freute sich so herzlich darüber, dass er dem Rat einen ausnehmend gnädigen Brief schrieb und sich bei ihm und den ehrbaren Klosterjungfern bestens bedankte.

Danach kam diese Eppendorfer Wunder-Rarität in die kaiserliche Kunstkammer zu Wien, wo sie noch vor hundert Jahren gezeigt wurde, also vermutlich auch noch heutzutage von reisenden Hamburgern und Eppendorfern bewundernd in Augenschein genommen werden kann.

Von Herrn Stoltenbarg (um 1740)

Vor etwa hundert Jahren lebte in den Vierlanden Herr Stoltenbarg, ein großer, reicher Bauer. Ein *reicher Vierlander Bauer*, das ist keiner von denen, die nach Hamburg kommen, um

Gemüse und Obst zu verkaufen, und daheim meistens nur Häuslinge und Höker sind, – sondern es ist ein Mann, der Haus, Hof und Ackergut zu Eigen hat, und darauf lebt wie ein Rittergutsbesitzer, nur zuweilen noch bequemer und solider. Er trägt zwar auch die Vierlander Tracht, vom feinsten Tuch mit großen Silberknöpfen daran, – aber wenn er einmal außer Landes geht, so kann er so vornehm sich kleiden und benehmen, dass man ihn für einen inkognito reisenden Prinzen halten möchte. Etwas stolz sind diese reichen Vierlander Bauern wohl, sie sind aber auch nichts Geringes, von uralter niederländischer Herkunft, und haben lange Stammbäume ihrer freien Vorfahren aufzuweisen. Grade so einer war Herr Stoltenbarg, der auf seinem Gehöft saß wie ein Pascha, und niemals nach Hamburg kam, weil er hier nicht standesgemäß genug behandelt wurde. Musste er aufs Amt nach Bergedorf, so kam er vierspännig gefahren, wie der Herr Amtsverwalter nur zu fahren pflegte, wenn's galt. Er sah eigentlich alle Menschen über die Achsel an, nur mit dem Herrn Pastor machte er eine Ausnahme, weil dieser der Stellvertreter Gottes auf Erden war, und den musste er doch für etwas Besseres passieren lassen, als für einen reichen Vierlander Bauer.

Einmal kam der Herr Pastor an seinem Gehöft vorbei, als Stoltenbarg gerade im Tor stand und auf's Feld schaute. Da sprach der Herr Pastor: »Guten Morgen, Herr Stoltenbarg, was treiben Sie?« Herr Stoltenbarg antwortete: »Ich tue nichts weiter als meditieren.« Worauf der Herr Pastor fragte: »Worüber meditieren Sie denn so eifrig, Herr Stoltenbarg?«, und dieser antwortete: »Über das, was ich heute Nacht geträumt habe.« Als nun der Herr Pastor sich teilnehmend nach dem Inhalt dieses gewiss denkwürdigen Traumes erkundigte, ließ Herr Stoltenbarg sich herab, ihm Folgendes zu erzählen:

»Ich träumte, dass ich gestorben wäre und sechsspännig zu Grabe gefahren würde. In Staatswagen folgten der Amtsverwalter und die wohlweisen Herren Visitatoren von Lübeck und Hamburg meiner Leiche. Ja, das war gut! Als ich nun in den Himmel kam, saß da unser Herrgott groß und mächtig auf seinem goldenen Thron, unser Herr Christus neben ihm auf einem hohen Stuhl. Als ich ankam, sah unser Herrgott genauer hin und fragte Sankt Peter oder sonst so einen Apostel: »Sehe ich recht? Ist das nicht Herr Stoltenbarg?« Der Apostel sprach feierlich: »Allerdings, es ist Herr Stoltenbarg aus Vierlanden selbst, der da kommt!« Und als ich nun noch näherkam, da stieß unser Herrgott den Herrn Christus in die Seite und rief ihm ganz hastig zu: »Komm, steh' schnell auf, Junge, und lass unseren Herrn Stoltenbarg sitzen!«

Unheimliches

Der Bahrenfelder See

Westlich hinter Bahrenfeld, eine Stunde von Altona, liegt ein großer Teich, welcher in neuester Zeit durch Parkanlagen der alten Sage wesentlich entzogen ist. In katholischen Zeiten hat hier ein Kloster gestanden, welches in die Erde versunken sein soll. Alte Leute wollen in ihrer Kindheit noch die Spitze des Kirchturmes aus dem Wasser haben ragen sehen, wenn in der Sommerhitze der Stand desselben niedrig gewesen ist. Die Sage erzählt das Versinken des Klosters folgendermaßen:

Die Klosterbrüder hatten sich der Schlemmerei und Unzucht ergeben und da ihnen die dazu erforderlichen Mittel nicht zu Gebote standen, so wurden solche durch allerlei Ruchlosigkeit, Betrug, Diebstahl, ja sogar durch Mord herbeigeschafft. Nur der alte Sebaldus war von den Mönchen unverdorben geblieben und ermüdete nicht, die Brüder zu ermahnen; zuletzt, da alle Worte vergeblich waren, drohte er sogar, seine Zuflucht zum Erzbischof in Hamburg zu nehmen. Um diesem Schritt vorzubeugen, beschlossen die Ruchlosen, den gefährlichen Sebaldus zu töten. Das Los sollte die Mörder entscheiden, aber es meldeten sich freiwillig zwei, welche einen besonderen Hass gegen ihr Opfer hegten. Als diese in der Nacht bei Fackelschein in Sebaldus' Zelle traten, wusste er auch, was geschehen sollte. Er kniete vor dem Kruzifix nieder und betete: »Vater im Himmel! Vergib …« weiter kam er nicht, denn die Mörder zerschmetterten ihm den Schädel mit Holzscheiten, und schleppten ihn in den Keller, um ihn dort zu verscharren. Als sie ein Loch in den Boden zu stechen begannen, wurde dieses plötzlich größer; das Erdreich rollte in eine Höhle, aus welcher blaugrüne Flammen loderten und in welche das ganze Kloster mit Donnergetöse versank. Als die Bauersleute entsetzt ins Freie eilten, gewahrten sie an der Stelle des Klosters einen übelriechenden Sumpf. Mit der Zeit hat sich das Wasser geklärt und ist heutigen Tages so rein, dass in demselben Fische und auf der Fläche Enten und Schwäne sich ihres Daseins erfreuen.

Derart verstörende Geschehnisse kommen in Hamburg immer wieder vor. In einer Januarnacht 1834 versanken an der Giesestraße fünf fast zehn Meter hohe Eichen spurlos im Boden, als das Erdreich sich auftat. Im April 2000 gab es in Groß Flottbek einen dumpfen Knall, die Erde bebte, die Wände wackelten, so dass die Anwohner verstört auf die Straße liefen. Der Übeltäter ist nicht der Satan, sondern ein mächtiger Salzstock mit unterirdischen Hohlräumen. Brechen die Decken der Höhlen ein, kommt es zu plötzlichen »Erdfällen«. Das Ergebnis sind bis zu zehn Meter tiefe Einsturztrichter, die sich mit Wasser füllen und heute als idyllische Teiche Spaziergänger und Angler erfreuen.

Der Falkenberg bei Neugraben

Auf dem Falkenberg bei Neugraben befindet sich unter den Eichen eine tiefe Grube, von der folgende Sage geht: In alten Zeiten stand auf dem Berge eine stattliche Burg, die dem Ritter Bodo vom Falkenberg gehörte, der sich dem Raubhandwerke ergeben hatte. Von Tag zu

Tag wurde er übermütiger und gewalttätiger. Immer neue Schätze häufte er auf dem Berg in seiner Burg an. Um alle zu bergen, ließ er sich einen großen, eisernen Kasten machen. Ein festliches Gelage folgte dem anderen. Als einst wieder ein solches abgehalten wurde, kam ein furchtbares Gewitter herauf und rückte sehr schnell näher. Ein greller Blitzstrahl zuckte hernieder, erschlug den Ritter und zerstörte die Burg bis auf den letzten Stein. Der schwere Kasten sank mit Getöse und Gepolter tief in den Berg hinein. Dort liegt der Schatz jetzt noch. Er kann nur gehoben werden, wenn sieben Brüder ihn ausgraben und dabei kein Wort sagen.

Nun traf es sich, dass einmal sieben Brüder aus der Ferne kamen, im nahen Wirtshaus einkehrten und hier von dem geheimnisvollen Schatz im Berge hörten. Sofort beschlossen sie, ihn zu heben. Sie erstiegen den Berg, fanden die Stelle und begannen, nachdem sie sich gegenseitig Stillschweigen gelobt hatten, zu graben. Endlich stießen sie auf die eiserne Kiste. Darüber war der Jüngste so erfreut, dass er sich vergaß und laut rief: »Gottlob und

Dank!« Kaum hatte er das gesagt, als der Kasten mit furchtbarem Krachen wieder weg sank und die Kuhle sich hinter ihm schloss.

Im Volksmund aber heißt die Grube immer noch »Gööd sien Kuul«, weil nach der Erzählung anderer Leute der Raubritter auf dem Falkenberg bei Neugraben Störtebekers Spießgeselle Gödeke Michels gewesen sein soll.

Hexen und Teufelswerk

De gode Krischan

Es war einmal eine traurige Zeit für Blankenese. Kein Fisch ging ins Netz, keiner biss mehr an die Angel, das Korn auf dem Feld verdorrte, die Obstbäume standen leer, Kühe und Schafe gaben keine Milch, die Pferde wurden lahm, es herrschte der bitterste Mangel. Und je weiter es in dem Jahre gegen den Herbst kam, je ärger ward es. Eine Scheune und ein Stall nach dem andern brannten ab, sowie Korn und Vieh eingebracht waren. Selbst die kleinen Kinder wurden nachts vor dem Bette der Eltern aus den Wiegen weggestohlen, obgleich man Türen und Fenster wohl verwahrt hatte und sie nachher auch noch immer fest verschlossen fand. Was die Ursache dieses Unglücks sei, wusste niemand zu sagen, niemand wusste auch Rat. Der Ort war dem äußersten Elend nahe. Da entdeckte endlich durch Zufall ein

Hirtenbursche, woher das alles kam. Er war gegen Abend vor Müdigkeit am Abhang des hohen Süllbergs eingeschlafen. Erst um Mitternacht erwachte er und wollte eben schnell ins Dorf zurückkehren, als er zu seinem Schrecken den Berg sich auftun und ein altes hässliches Weib aus der Spalte hervorkommen sah. Eine Weile stand sie noch auf der Spitze des Berges still und sah sich nach allen Seiten um, dann stieg sie hinab und ging dem Dorf zu mit den Worten: »Nun, ich will hin und will allen Kühen und Pferden die Schwänze abschneiden. Das soll morgen einen hübschen Spektakel geben.« Der Hirtenjunge hatte sich aus Furcht hinter einen Busch verkrochen und platt auf den Bauch niedergelegt, um nicht von der Hexe gesehen zu werden. Kaum aber war sie fort, eilte er zum Strand, machte ein Boot los und fuhr auf die Elbe hinaus; denn ins Dorf wagte er sich nicht, weil er der Hexe leicht begegnet wäre. Am Morgen aber ruderte er wieder zurück, weckte die Leute und erzählte, was er gehört hatte. Da sah man nun in den Ställen, dass kein Pferd und keine Kuh verschont geblieben war; später fand man die abgeschnittenen Schwänze unten am Ufer liegen.

Nun dachten die Blankeneser nach, wie dem Unheil am besten abzuhelfen sei. Die heilige Christnacht ward zur Ausführung des Planes ausersehen. An der Stelle des Berges, wo der Hirtenjunge das Weib hatte herauskommen sehen, wurde ein großer Holzstoß errichtet und viel Stroh zusammengetragen. Am Abend versammelte sich das ganze Dorf, Alt und Jung, am Fuße des Berges, mit dem Pastor aus Nienstedten an der Spitze. Der gute Christian, wie der Hirtenjunge hieß, stand allein in der Nähe des Scheiterhaufens mit einer brennenden Lunte in der Hand. Als nun die Uhr zwölf schlug, so fing es in dem Holzstoß an zu rasseln, mehrere Stücke fielen auseinander und in einem Augenblick stand die Hexe vor ihm. Sogleich steckte der Bursche die Lunte in das Stroh und in demselben Augenblicke stimmten die Leute unten am Berge einen Gesang an und kamen immer näher herzu. Der Scheiterhaufen stand bald in hellen Flammen, darum konnte die Hexe nicht zurück in den Berg. Gegen den Pastor und den Gesang konnte sie auch nicht ankommen und dem guten Christian konnte sie nichts anhaben, weil er erst eben vorher das Abendmahl genommen hatte und reinen

Herzes war. Die Blankeneser kamen unterdessen immer näher und näher in einem Kreis auf sie zu und drängten sie so endlich in die Flamme; da musste sie elendiglich verbrennen. Die Stelle, wo dies geschehen ist, blieb bis auf diesen Tag kahl und öde und kein Halm wächst darauf. Aber die Geschichte vom goden Krischan ist noch in Blankenese und der ganzen Gegend wohl bekannt; denn er war es, der das Dorf von der Plage befreite, so dass es seitdem wieder zu seinem alten Wohlstand kommen konnte.

Auf dem Süllberg, dem höchsten Berge in der ganzen Gegend, stand in alten Zeiten ein Schloss und der ganze Berg war mit Wald bewachsen. Jetzt ist das Schloss in den Berg verwünscht; aber einmal im Jahr, in jeder ersten Mainacht, tut sich der Eingang dazu auf.

Der Teufel in der Elbe

Ein Kapitän ging traurig an einem Hafen auf und nieder, weil er gar nicht wusste, wie er ein Schiff bekommen sollte. Da trat ein feiner Herr zu ihm, der aber niemand anders als der Teufel selbst war, und versprach ihm ein Schiff: Er solle es sogar für immer behalten, wenn er ihm, dem Teufel, bei seiner Rückkehr in die Elbe etwas zu tun geben könne, das ihm auszurichten unmöglich wäre. Der Kapitän nahm in seiner Not das Anerbieten an und er erhielt ein Schiff; es war ganz leer, aber neu und gut. Er bemannte es, fand Ladung und machte die vorteilhafteste und schnellste Reise. Als er aber wieder vor die Elbe kam, gedachte er seines Versprechens und voller Sorgen ging er auf dem Verdeck hin und her. Sein Sohn, der Steuermann war, bemerkte seine Verstimmung und drang mit Fragen in ihn. Da bekannte der Kapitän endlich, wie es zwischen ihm und dem Teufel stünde. Aber der Sohn sagte: »Wenn's weiter nichts ist, so geh ruhig in die Kajüte und lass mich nur machen.« Der Vater ging hinunter; der Junge saß am Steuer, die Flut kam mit Macht herein, ein scharfer Wind wehte: Da ließ er alle Segel aufsetzen und wie ein Blitz flog das Schiff in die Elbe. Cuxhaven gegenüber kam der Teufel mit einem Mal an Bord und forderte, man möchte ihm nun seine Aufgabe stellen, oder er würde mit dem ganzen Schiff davon gehen. Da befahl der Junge den Matrosen, den großen Anker herunterzulassen, und wie nun das große dicke Tau von der

Welle flog, sollte der Teufel zugreifen und den Anker im Laufe aufhalten. Da war aber die Fahrt so groß und der Teufel hielt das Tau so fest, dass er durch das Loch, in dem das Tau ging, hindurch gezogen ward und weit hinaus ins Wasser flog. – Seit der Zeit hat er für immer darin bleiben müssen. Bei stürmischem Wetter, wenn Leute von einem Ufer zum andern wollen und niemand sie übersetzen will, dürfen sie nur rufen; dann muss der Teufel kommen und sie über den meilenbreiten Strom hinübertragen; er darf kein Fährgeld nehmen. Man sagt, dass er viel zu tun und immer hin und her zu waten hat. Der Amtmann von Zeven im Hannöverschen hat vor zweihundert Jahren einen Kontrakt mit ihm gemacht.

Der Teufel im Falkenberg

Wie die alten Leute erzählen, wurde die Burg auf dem Falkenberg von zwei Seeräubern, Klaus Störtebeker und Gödeke Michels, bewohnt. Eigentlich wohnte Störtebeker auf dem Süllberg bei Blankenese, war aber meistens bei seinem Freund Michels zu Besuch, weil sie zusammen auf Räubereien ausgingen. Sie sperrten gerne mit langen Ketten die Elbe ab, um die Schiffe abzufangen und auszuplündern. Sie fingen auch manchen reichen Kaufmann und gaben ihn erst wieder frei, wenn die Verwandten ein hohes Lösegeld bezahlt hatten. So häuften sie auf dem Falkenberg unermessliche Schätze an. Später wurde das Räubernest zerstört. Klaus Störtebeker und Gödeke Michels hatten jedoch das geraubte Gold tief unter der Burg vergraben. Bei ihrer Zerstörung fiel auch der Gang ein, doch die Eroberer fanden nichts. Seitdem gehört das Gold dem Teufel, der es sorgfältig bewacht. Wenn aber der Vollmond scheint, holt er es aus der Tiefe hervor und freut sich an dem herrlichen Glanz.

Einst kam bei hellem Mondschein ein Kiepenkerl* von Alvesen des Weges, um in Hamburg Eier und Hühner zu verkaufen. Als er ganz in die Nähe des Falkenberges kam, sah er am Wege glühende Kohlen liegen. »Sieh an«, dachte er, »da haben gestern die Schäfer ihr Feuer gehabt, da kann ich sofort meine Pfeife anstecken.« Er klopfte sie aus, stopfte sie von neuem und bückte sich nach einer Kohle. Kaum hatte er ein Stück angefasst, da bekam er

* Kiepenkerl = umherziehender Händler, der seine Waren in einer Rückentrage aus Korbgeflecht, der Kiepe, transportiert.

einen so heftigen Schlag in den Nacken, dass er beinahe vornüber auf die Nase gefallen wäre. »Nanu«, rief er, »was soll denn so ein Unsinn?!« Als er sich aber nach dem Schläger umsah, war niemand zu sehen. Auf der Elbfähre klopfte er seine Pfeife wieder aus. Da fiel zu seiner großen Verwunderung ein altes Goldstück klingend auf den Boden. Dabei erinnerte er sich an die glühenden Kohlen vom Falkenberg. Nun wusste er auch, woher der Schlag gekommen war.

Auf dem Rückweg suchte er nach weiterem Gold. Er fand sogar noch einige Stücke, die der Teufel wohl vergessen hatte. Durch dieses Gold aber soll der Kiepenkerl von Alvesen ein sehr reicher Mann geworden sein.

Teufelsbrück

Teufelsbrück heißt nach seiner Brücke, die schon in ganz alten Zeiten dort gestanden haben soll. Und auf dieser Brücke, sagen sie, haben sie früher öfter den Teufel laufen sehen. Was er da gemacht hat, wissen die Leute heute nicht mehr. Doch gewiss steckt noch etwas anderes dahinter.

Auf der Teufelsbrücke bei Nienstedten hat der Teufel einst getanzt. Wie sich das für so einen Kerl gehört, war auch Störtebeker dem Teufel verschrieben. Als der Pirat gefangen vorübergeführt wurde, stand der Satan auf der Brücke und soll gellend über den Strom gerufen, und Störtebeker soll ihm geantwortet haben.

Die Entstehung der Sage lässt sich wohl dadurch erklären, dass die Brücke über die Flottbek im Mittelalter in sehr schlechten Zustand war. Fuhrmänner blieben vor der Brücke im Schlamm stecken, Räder brachen und Unfälle waren an der Tagesordnung. Sie fluchten auf die »Teufelsbrücke« und bald hatte sich der Name eingebürgert. Trotz verbesserter Straßenverhältnisse blieb der Name im Volksmund bestehen und schon hatte sich die Sage dazugesellt.

Der Anleger Teufelsbrück lässt sich von Finkenwerder aus mit einer kurzweiligen Fährfahrt erreichen, der Ponton mit Café hat eine atemberaubende Kulisse.

Die Glocke von Kirchwerder

Es kam einmal eine große Glocke die Elbe hinuntergeschwommen, auf der zu lesen stand:

»Dem Heiligen Severin«. Diese Glocke soll unaufhörlich geläutet haben: »Bung, bangen, in Vierlanden will ich hängen.« So lange hat sie geläutet, bis die Kirchwerder die Severinskirche gebaut und die Glocke darin aufgehängt haben.

Der Glockenturm von Kirchwerder

Dass der Glockenturm von St. Severini abseits der Kirche auf dem umliegenden Friedhof steht, ist dem Teufel zu verdanken. Der war so erbost über das laute Läuten der Glocken, dass er versuchte, den Turm in die Elbe zu werfen. Das misslang: Der Teufel bekam den Turm nicht ganz zu fassen und musste ihn noch einmal abstellen. Daraufhin soll Gott ihm entgegnet haben: »Eenmal dröffst du't bloß verseuken«, auf hochdeutsch: »Einmal darfst du es nur versuchen.« So blieb der Turm an eben dieser Stelle stehen.

Abschied

Zu guter Letzt erinnern wir an den Abschied des jungen Hamburger Soldaten Hans Leip. Nach eigener Erzählung stand er in einer kalten Aprilnacht 1915 unmittelbar vor seiner Einberufung an die russische Front auf Wache vor der Kaserne – verliebt, lebenshungrig und voller Todesfurcht. Im Schein einer Straßenlaterne entstand ein Liebeslied, das kurz vor dem Zweiten Weltkrieg von Robert Schultze vertont und von Lale Andersen gesungen wurde. Wenn der Belgrader Soldatensender abends das Lied eines jungen Wachpostens ausstrahlte, schwiegen alle Waffen – auf beiden Seiten der Front. Bis zum heutigen Tag hat der Text von Hans Leip nichts an Aktualität eingebüßt.

Lili Marleen

Vor der Kaserne,
vor dem großen Tor
stand eine Laterne,
und steht sie noch davor,
so wolln wir uns da wiedersehn,
bei der Laterne wolln wir stehn
wie einst, Lili Marleen.

Unsre beiden Schatten
sehn wie einer aus;
dass wir so lieb uns hatten,
das sah man gleich daraus.
Und alle Leute solln es sehn,
wenn wir bei der Laterne stehn
wie einst, Lili Marleen.

Schon rief der Posten:
Sie blasen Zapfenstreich;
es kann drei Tage kosten! –
Kamerad, ich komm ja gleich.
Da sagten wir auf Wiedersehn.
Wie gerne wollt ich mit dir gehn,
mit dir, Lili Marleen!

Quellenverzeichnis

Am Ur-Quell, Monatsschrift für Volkskunde, Nr. 8, Band I der neuen Folge, 1890

Beneke, Otto: Hamburgische Geschichten und Denkwürdigkeiten, zum Teil nach ungedruckten Quellen erzählt, Perthes-Besser, 1856

Finder, Ernst: Die Vierlande, Teil 2, Hartung Verlag, Hamburg, 1922

Fock, Gorch: Sämtliche Werke in 5 Bänden, hg von Jakob Kinau, Hamburg 1925, Verlag von M. Glogau jr.

Fock, Gorch: Ole Geschichten von de Nerdenilw, in: Heimatbuch für unser hamburgisches Wandergebiet, hg. von der Pädagogischen Vereinigung von 1905 in Hamburg, Verlag C. Boysen, 1914

Frahm, Ludwig: Norddeutsche Sagen von Schleswig-Holstein bis zum Harz, Verlag A. C. Reher, Altona und Leipzig, 1890

Hagen, Margarete, in Steinbauer, Werner: Geschichte des Dorfes Hörsten, 2000, Gemeinde Seevetal mit freundlicher Genehmigung von Herrn Arndt-Hinrich Ernst, Archivar, Gemeinde Seevetal. Aus dem Plattdeutschen übersetzt von Cornelia Kenklies

Jessen, Joachim und Lerch, Detlef: Das Hans Leip Buch, Ernst Kabel Verlag GmbH, Hamburg, 1983

Kuhn-Schwarz: Norddeutsche Sagen, Märchen und Gebräuche, Brockhaus Leipzig, 1848

Lauffer, Otto: Niederdeutsche Volkskunde, Quelle & Meyer, Leipzig, 1917

Mackensen, Lutz: Hanseatische Sagen, Verlag Hermann Eichblatt, Leipzig, 1928
Mackensen, Lutz: Niedersächsische Sagen,
Marquardt, Wilhelm: Sagen, Märchen und Geschichten des Kreises Harburg, 2 Bände, Verlag Dr. Johannes Knauel, Buchholz in der Nordheide, 1965, 2. Auflage
Müllenhoff, Karl: Sagen, Märchen und Lieder der Herzogthümer Schleswig-Holstein und Lauenburg, herausgegeben von Karl Müllenhoff, Schwersche Buschhandlung, Kiel, 1845
Schacht, August: Hansische Sagen. Erzählungen aus Alt Hamburg. Verlag Conrad Kloß, Hamburg, 1894
Schambach, Sigrid: Aus der Gegenwart die Zukunft gewinnen. Die Geschichte der Patriotischen Gesellschaft von 1765, Ellert & Richter Verlag, Hamburg

Einzelne Quellenangaben

Trinkspruch auf Hamburg: Leip in Jessen, S. 276
Riesenstreit: Mackensen, Hanseatische Sagen, Nr. 44, auch: Marquardt II, S. 57
Die Unterirdischen: Beneke, Nr. 104, S. 307
Schachblumen-Märchen: (Hagen, Margarete, in Steinbauer, Werner: Geschichte des Dorfes Hörsten, 2000)
Die sieben Tannenbäume: Fock, Gorch: Sämtliche Werke, Bd. 2, Seite 109
Stadt Hamburg an der Elbe Auen (CK)
Karl der Große und Ludwig der Fromme: Beneke, Nr. 2
Der Wikingerüberfall 845 : Beneke, Nr. 2
Ansgar gründet Ramelsloh: Marquardt I, S. 22, und Frahm, Norddeutsche Sagen von Schleswig-Holstein bis zum Harz, S. 17
Störtebeker und Konsorten: Müllenhoff Nr. 35
Störtebekers Schädel: CK nach WELT 17.03.2011; SZ vom 07.12.2012; www.hamburg.de/kultur
Altona: Müllenhoff Nr. 527
Der Schatz des Rolandwirtes: Fahrm, S. 247

Schweinekrieg: Beneke, Nr. 108
Vom Christinenpförtchen: Beneke, Nr. 112
Das Zaubertränklein: Beneke, Denkwürdigkeiten, Nr. 37, II
Vom Ratshabit: Beneke, Denkwürdigkeiten,Nr. 37, III
Inkognto auf Abwegen: nach TAZ 10.03.2003; Spiegel Geschichte, 11.05.2012; WELT 24.08.2012 nacherzählt
Wiebeke die Putzmakersche: Beneke, Nr. 75
Till Eulenspiegel
Die Elbgeister: Schacht, Nr. 7
Der Fliegende Holländer: Fock, in Pädagog. Vereinigung S. 204
Der Klabautermann und der Schiffsjunge:
Klabautermännchen und Puks: Am Urquell, Nr. 8; Kuhn-Schwarz Nr. 222
Das Klabautermännchen und der Kapitän: Müllenhoff Nr. 500
Norderelbe: Fock, in Heimatbuch S. 128
Fastelabendflut: Beneke, Nr. 94
Wundersame Rettung: Beneke Nr. 119
Rettung Ertrinkender: Schambach, S. 27
Sommersonnenwende: Lauffer, S. 89
Die verwünschte Linde: Beneke Nr. 40
Weiße Jungfrau in Harburg: Marquardt I, S. 154
Wundersame Kohlwurzel: Beneke Nr. 63
Stoltenbarg beim lieben Gott: Beneke 123
Hans mit Gott: Müllenhoff Nr. 105
Der Bahrenfelder See: Frahm, S. 119
Der Falkenberg bei Neugraben: Marquardt II, S. 85
De gode Krischan: Müllenhoff Nr. 531
Der Teufel in der Elbe: Müllenhoff Nr. 414
Der Teufel im Falkenberg: Marquardt II, S. 86
Teufelsbrück: Fock in Heimatbuch, S. 203, 204 und 46
Die Glocke von Kirchwerder; 1. Finder, Ernst: Die Vierlande, Teil 2, Hartung Verlag, Hamburg, 1922; S. 328
2.) Deutsche Stiftung Denkmalschutz, Monumente, https://www.denkmalschutz.de/denkmal/st-severini-kirchwerder.html
Lili Marleen: Leip in: Jessen, S. 76

Dank

Mein Dank gebührt allen, die mit Sorgfalt und Fleiß die alten Sagen und Legenden ihrer Heimat gesammelt und veröffentlicht haben. Diesen reichen Schatz durfte ich heben und einzelne Perlen daraus zusammentragen. Herzlich danke ich allen, die großzügig ihre Einwilligung zum Abdruck der Geschichten gegeben haben: Herrn Olaf Matthes, Museum für Hamburgische Geschichte für die Gedichte von Hans Leip; Herrn Walter Marquardt, Immenbeck für die von seinem Vater Wilhelm veröffentlichten Sagen; Herrn Arndt-Hinrich Ernst, Archivar der Gemeinde Seevetal für die Sage von den Schachblumen und der Edition Falkenberg für die Anregung zu dieser Sammlung. Für wertvolle Hinweise, Unterstützung, Korrekturlesen und nicht zuletzt Verzicht auf gemeinsame Zeit danke ich meinem lieben Gefährten Ralf.

Register

In dieser Reihe sind erschienen

Undine Stiwich
Sagen und Geschichten aus dem Wendland

128 S., 14,90 Euro
ISBN 978-3-95494-287-9

»Das Wendland, das Hannoversche Wendland, liegt im Südosten von Niedersachsen und ist ca. 70 km von Lüneburg entfernt. Diese Region bietet viel Raum für Sagen & Geschichten und auch das Brauchtum ist hier noch lebendig.

Seit vielen Jahren arbeite ich zur Geschichte des Hannoverschen Wendlandes und sammle die Sagen und Volksbräuche, die hier nun veröffentlicht werden.«

Undine Stiwich

Cornelia Kenklies
Sagen und Geschichten aus dem Alten Land

128 S., 14,90 Euro
ISBN 978-3-95494-261-9

»Das Alte Land ist reich an Märchen, Anekdoten und Sagen, die zumeist auf Plattdeutsch überliefert sind. Zum Glück haben literarisch begabte Altländer frühzeitig zur Feder gegriffen und uns einen tiefen Einblick in Sitten, Gebräuche und Mentalität hinterlassen.

Aus dieser reichen Quelle durfte ich schöpfen, sammeln, zusammentragen und übersetzen. Wir alle stehen auf den Schultern unserer Ahnen. Ihnen gebührt der Dank. Ohne ihren Fleiß und ihre Heimatliebe hätte dieses Büchlein nicht erscheinen können.«

Heike Bloom
Karin Sohnemann
Sagen und Geschichten aus der Lüneburger Heide

128 S., 14,90 Euro
ISBN 978-3-95494-254-1

»Wir haben aus allen Teilen der Lüneburger Heide Sagen und Geschichten gesammelt, die wir in diesem Buch neu erzählen.

Die Menschen fühlten sich ihrer Heide immer eng verbunden. In der Auswahl unserer Geschichten kann der Leser ein Gespür davon bekommen.«